JN008778

安心ミライへの資産形成ガイドブック Q&A

for the best life plan ————————

ガイドブック ●●●●●●●●●●●●●●● Q&A

三井住友トラスト・資産のミライ研究所［編著］

一般社団法人 **金融財政事情研究会**

はしがき

　近年「人生100年時代」という言葉が急速に広がり、さまざまな生活シーンで用いられる機会が増えてきているように思います。今から50年前の日本人の平均寿命は、男性は約69歳、女性は約75歳でしたが、直近2018年では、男性約81歳、女性約87歳と約12年寿命が延びてきています。この長寿化により、働く時間もリタイア後の時間も大きく変化していくものと思われます。働く期間が延び、働き方の選択肢が増え、老後生活時間が長くなることは、従来になかった「可能性」を人生に与えてくれる一方で、生活していくための「お金」に対する不安感も増大させているようです。昨年（2019年）夏に「老後資金不足2,000万円問題」が大きく取り上げられましたが、長寿化に対する健全な危機意識の現れであったようにも思えます。

　今年（2020年）は、新型コロナウイルス感染拡大という人類にとって大きな問題が発生し、今後、withコロナ、新ノーマルな生活様式を構築していく時代になってくるものと思われます。他者との交わり方において、ソーシャルディスタンスの確保や非接触での交流の比率が高まり、社会生活においてもリモートワークなど働き方の変容が生じてくるものと思われます。そのようななかで、このコロナ禍で実感したことの1つとして「何が自分たちにとって本当に大切なのか」をあらためて見直す機会を持てたことがあげられます。各家庭や個人において本当に重要であるもの、そうでないものを見直してみる、所属する企業や団体等において本当に必要な業務なのか、そうでないのかを検証してみることがさらに進展していくと考えています。

　今日、強く求められており、また、本当に大切なことの1つは、長寿化に応じて安心できるミライが描けるように家計の資産の寿命も長くしていくことだと思われます。そのためには個人一人ひとりがライフスタイルに合った

i

「資産形成」「資産管理」「資産活用」をプランニングしていくことが重要になります。

　そうしたプランニングニーズに対し、信託銀行は、さまざまなソリューションを提供できる金融機能を多く有しています。

　本書は、2019年三井住友信託銀行に設置した「三井住友トラスト・資産のミライ研究所」が中心となって、人生100年時代における個人の資産形成の課題や悩みに対し、安心できるミライに向けてどう考え、どう準備していけばよいのかを、各世代の皆さんにできる限り「自分ごと」としてとらえていただけるようにまとめたものです。

　三井住友トラスト・グループは、人生100年時代にあってお客様を支えるベストパートナーでありたいと願っています。当グループの取組みは道半ばといったところではありますが、本書が安心できるミライに向けてライフプランニングをお考えの方々に、少しでも参考としていただけるところがあれば誠に幸いです。

　2020年9月

三井住友信託銀行株式会社

常務執行役員　　井谷　太

CONTENTS

はしがき

第1章 　今、なぜ「資産形成」マインドが大切なの？

Q1 日本人の平均寿命はまだ80歳代です。誰がいつから
「人生100年時代」と呼ぶようになったのですか？ ……………………2

Q2 寿命が15年延びると私たちの人生で
どのような変化が出てきますか？ ……………………4

Q3 「人生100年時代」といわれますが、昔と比較して
どのようにお金に関する悩みが変化しているのですか？ ……………9

Q4 安心できるミライを過ごすために、
どのくらいのお金が必要ですか？ ……………………12

Q5 安心できるミライを過ごすために、「資産形成」を
どのように考えていけばよいのですか？ ……………16

Q6 「ライフプラン」「マネープラン」は私にも必要ですか？ ……………19

Q7 「貯蓄から投資へ」という言葉がありましたが、
日本では進んでいるのですか？ ……………………21

Column No.1 　個人の「資産形成」に関して、信託銀行は
どのような専門的な機能を持っているのですか？ …………25

第2章 　「資産形成」に必要となる「金融リテラシー」

Q8 「マネープラン」をつくり、
実行していくためにはどんな知識が必要ですか？ ……………30

Q9 どうやって「金融リテラシー」を学べばよいのですか？ 32

Q10 「資産形成」していくうえでの
「資産運用」「貯蓄」「投資」とはどんなことですか？ 34

Q11 主な資産の運用対象（預貯金、債券、REIT（リート）、
株式など）や、その特徴、リスクやリターンの関係について
教えてください 36

Q12 「投資」を始めるにあたり、理解しておくべき最低限のルールや
留意点があれば教えてください 44

Q13 最近よく聞く「SDGs（持続可能な開発目標）」・「ESG
（環境・社会・ガバナンス）」とは、それぞれ何のことですか？
それは、「資産形成」に関係があるのでしょうか？ 48

Column No.2　学校教育に取り入れられつつある
「金融リテラシー」教育 54

第3章 **現役世代のライフイベントに必要なお金と
上手に使いたい金融サービス**
（20歳代・30歳代・40歳代・50歳代編）

Q14 20歳〜50歳代のライフイベントと金融面の
ニーズ（お金の機能）の全体像を教えてください 58

Q15 現在30歳代以下の世代の特徴を
歩んできた時代背景とともに教えてください 61

Q16 20歳から30歳代の「マネープラン」とは？
このとき使いたい金融サービスにはどのようなものが
ありますか？ 66

Q17 現在40歳代の人たちの特徴を
歩んできた時代背景とともに教えてください 71

Q18 現在50歳代の人たちの特徴を
歩んできた時代背景とともに教えてください ⋯⋯⋯⋯⋯⋯ 76

Q19 40歳から50歳代の「マネープラン」とは？
このとき使いたい金融サービスにはどのようなものが
ありますか？ ⋯⋯⋯⋯⋯⋯⋯⋯⋯⋯⋯⋯⋯⋯⋯⋯⋯⋯⋯⋯⋯⋯⋯⋯⋯⋯⋯⋯⋯⋯⋯⋯ 79

Q20 ライフイベントにあわせた保険の活用について
どのようなことに留意すればよいですか？ ⋯⋯⋯⋯⋯⋯⋯⋯ 85

Column No.3 ┃ 住まいにまつわる古くて新しい問題❶ ⋯⋯⋯⋯⋯ 89

Column No.4 ┃ 住まいにまつわる古くて新しい問題❷ ⋯⋯⋯⋯⋯ 94

Q21 住宅ローンを抱えている家庭における家計防衛策とは？
最近の状況を教えてください ⋯⋯⋯⋯⋯⋯⋯⋯⋯⋯⋯⋯⋯⋯⋯⋯⋯ 98

Q22 50歳代からの「資産形成」は手遅れですか？ ⋯⋯⋯⋯⋯ 103

第4章 退職後世代のライフイベントに必要なお金と
上手に使いたい金融サービス
（60歳代・70歳代・80歳代以上編）

Q23 退職後世代に想定されるライフイベントとは？ ⋯⋯⋯⋯ 108

Q24 現在60歳代の人たちの特徴を
歩んできた時代背景とともに教えてください ⋯⋯⋯⋯⋯⋯ 110

Q25 60歳から70歳代の資産に関するニーズに対し、
金融機関はどのような機能を提供していますか？ ⋯⋯⋯ 113

Q26 80歳からの資産に関するニーズに対し、
金融機関はどのような機能を提供していますか？ ⋯⋯⋯ 116

Column No.5 ┃ 遺言書のつくり方とその執行について
教えてください ⋯⋯⋯⋯⋯⋯⋯⋯⋯⋯⋯⋯⋯⋯⋯⋯⋯⋯⋯⋯⋯⋯⋯⋯⋯⋯⋯ 119

Q27 自分の家に住みながら、
自宅を老後生活のために活用できませんか？ ⋯⋯⋯⋯⋯ 121

第5章 安心できるミライに備えるために活用できる
「資産形成」支援制度のはなし

Q28 年金（公的・企業・個人）制度について、
その全体像を教えてください ⋯⋯⋯⋯⋯⋯⋯⋯⋯⋯⋯⋯⋯⋯ 124

Column No.6 自分が受け取る（予定の）公的年金の支給額を
知りたいのですが？ ⋯⋯⋯⋯⋯⋯⋯⋯⋯⋯⋯⋯⋯⋯⋯⋯⋯ 128

Q29 「資産形成」を支援する国の制度にはどのようなものが
ありますか？　その全体像を教えてください ⋯⋯⋯⋯⋯⋯ 130

Q30 「確定拠出年金（DC）制度」の概要と申込方法を
教えてください ⋯⋯⋯⋯⋯⋯⋯⋯⋯⋯⋯⋯⋯⋯⋯⋯⋯⋯⋯ 133

Q31 「個人型確定拠出年金（iDeCo）制度」の概要と申込方法を
教えてください ⋯⋯⋯⋯⋯⋯⋯⋯⋯⋯⋯⋯⋯⋯⋯⋯⋯⋯⋯ 136

Q32 「財形貯蓄制度」の概要と申込方法を教えてください ⋯⋯⋯ 138

Q33 「NISA（ニーサ）（少額投資非課税制度）」とは、
どのような制度ですか？ ⋯⋯⋯⋯⋯⋯⋯⋯⋯⋯⋯⋯⋯⋯⋯ 141

第6章 安心できるミライに向けて活用できる
信託銀行の機能について

Q34 安心できるミライに向けて、
信託銀行はどんな機能を持っているのですか？ ⋯⋯⋯⋯⋯ 148

Q35 定期的に決まった金額を贈与したい場合には、
どのような方法がありますか？ ⋯⋯⋯⋯⋯⋯⋯⋯⋯⋯⋯⋯⋯⋯ 153

Q36 祖父母から教育資金を支援してもらう場合には、
どのような方法がありますか？ ⋯⋯⋯⋯⋯⋯⋯⋯⋯⋯⋯⋯⋯⋯ 156

Column No.7　万一の際の葬儀費用や当面の生活資金などに
備えるために、どのような方法がありますか？ ⋯⋯⋯ 160

Q37 祖父母から結婚資金や子育てのための資金を援助してもらう
場合に、どのような方法がありますか？ ⋯⋯⋯⋯⋯⋯⋯⋯⋯ 162

Q38 相続に備えるためには、どのような方法がありますか？ ⋯⋯⋯⋯⋯ 165

Q39 認知症などに備えておくために利用できる
サービスには、どのようなものがありますか？ ⋯⋯⋯⋯⋯⋯ 172

Q40 家族を亡くし１人になった場合には、
どのような備えが必要ですか？ ⋯⋯⋯⋯⋯⋯⋯⋯⋯⋯⋯⋯⋯⋯ 179

附　録　**人生100年時代のライフイベントに
賢く対応するためのワンポイントアドバイス**

Q41 「資産形成」についての相談は、
どこに行けばよいのですか？　誰に聞けばよいのですか？ ⋯⋯⋯ 184

Q42 「お金」や「資産形成」についてもう少し知りたいと思った
とき、どのようなWEBサイトや組織・団体がありますか？ ⋯⋯⋯ 186

あとがき ⋯⋯⋯⋯⋯⋯⋯⋯⋯⋯⋯⋯⋯⋯⋯⋯⋯⋯⋯⋯⋯⋯⋯⋯⋯⋯⋯ 188

謝　　辞 ⋯⋯⋯⋯⋯⋯⋯⋯⋯⋯⋯⋯⋯⋯⋯⋯⋯⋯⋯⋯⋯⋯⋯⋯⋯⋯⋯ 190

編著者プロフィール ⋯⋯⋯⋯⋯⋯⋯⋯⋯⋯⋯⋯⋯⋯⋯⋯⋯⋯⋯⋯⋯ 191

索　　引 ⋯⋯⋯⋯⋯⋯⋯⋯⋯⋯⋯⋯⋯⋯⋯⋯⋯⋯⋯⋯⋯⋯⋯⋯⋯⋯⋯ 195

第1章

今、なぜ「資産形成」マインドが大切なの？

日本人の平均寿命はまだ80歳代です。誰がいつから「人生100年時代」と呼ぶように

A1 ◉『ライフ・シフト─100年時代の人生戦略』の刊行が契機に

　従来から国内でも「日本は世界に冠たる長寿国」であると認識されていました。世界保健機関（World Health Organization：WHO）では、高齢化率（人口に占める65歳以上の比率）の上昇に応じて「7％以上：高齢化社会」「14％以上：高齢社会」「21％以上：超高齢社会」と定義していますが、日本は1970年に高齢化社会、1994年に高齢社会、そして2007年に超高齢社会に到達し、2015年には26.6％、2018年の総務省調査では28.1％に達しています。これは諸外国との比較で、世界的に最も高い水準にあります（図表1－1）。日本は、高齢化社会から高齢社会までに24年かけて移行しましたが、高齢社会から超高齢社会まではわずか13年でした。この急ピッチな長寿化の進展は少子化傾向と相まって「少子高齢化」と呼ばれ、政策課題としても広く取り上げられてきました。しかし、足元の統計データでは日本の平均寿命は男性81.25歳、女性87.32歳であり、実態に照らせば現状は「人生85年時代」だといえます（図表1－2）。

図表 1-1 世界各国と日本の高齢化率の比較（2015年）

欧米		アジア	
日本	**26.6%**	**日本**	**26.6%**
ドイツ	21.1%	韓国	13.0%
スウェーデン	19.6%	シンガポール	11.7%
フランス	18.9%	タイ	10.6%
イギリス	18.1%	中国	9.7%
アメリカ	14.6%	インド	5.6%

（出所）内閣府「令和元年版高齢社会白書」より三井住友トラスト・資産のミライ研究所作成

　それが、今、「人生100年時代」といわれているのは、やはり、ロンドン・ビジネススクールのリンダ・グラットン教授とアンドリュー・スコット教授が著した『ライフ・シフト―100年時代の人生戦略』（東洋経済新報社刊、原題 "THE 100-YEAR LIFE"）が2016年に刊行され世界中でベストセラーとなったことが大きいと思われます。特に**「2007年に日本で生まれた子供の半分は、107年以上生きることが予想される」**という記述があったことの影響は大きく、2017年には内閣府に「人生100年時代構想推進室」が設置され、同年「人生100年時代構想会議」（議長：安倍晋三首相）がスタートしました。また、会議の有識者議員としてリンダ・グラットン教授が招かれたことなどもあって、一気に日本人のなかに「100歳まで生きる人生」という認識が広がり、内閣府も日本で超高齢社会の新しいロールモデルを構築する取組みを推進しているところです。

　たとえば、経済産業省の産業構造審議会における議論のなかでは、人生100年時代における社会システム改革の方向性として、現在の高齢者は、過去の高齢者と比べて肉体的にも精神的にも元気な方が増加しており、活躍できる機会を生み出せば、人生100年時代の到来は日本にとっても大きなチャンスとなることを示唆しています。

　次の世代、その次の世代の「人生」を考えると「人生100年時代」の人生設計を今から考えておくことが重要になってきたといえます。

図表1-2　世界の平均寿命　ベスト3

	男性		女性	
第1位	香港	82.17年	香港	87.56年
第2位	スイス	81.4年	日本	87.32年
第3位	日本	81.25年	スペイン	85.73年

（出所）　厚生労働省「平成30年簡易生命表」

Q1　3

Q2 寿命が15年延びると私たちの人生でどのような変化が出てきますか?

A2 ◎ 進展する「人生のマルチステージ化」

　日本は「人生100年時代」といわれる過去に遭遇したことのない超高齢社会を迎えていますが、100年時代にあっては、一個人の人生において「健康で活動できる時間」が長くなり、ライフスタイル（世帯の構成）や働き方、仕事や社会への取組みスタンスも多様化する時代の到来と考えられます。引退年齢は70〜80歳になり、新しい職種とスキルが現れ、働き方の多様化が進み、人生における『仕事』のステージも長期化が進みます。その兆候は足元でも、いくつもの業種において「副業・複業」の解禁がされてきたことや、「ギグワーク」と呼ばれる個人事業主的な働き方（例：ウーバーなど）が現れてきたことからもわかります。それは、人生における「可能性」が広がり「選択肢」が広がる時代の到来でもあります。人生の時間軸のなかで、

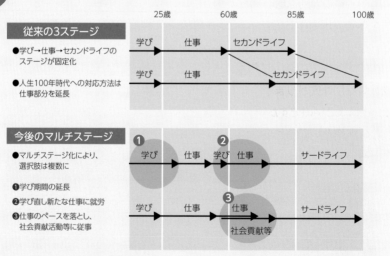

図表2-1　人生100年時代におけるマルチステージ化のイメージ

（出所）『LIFE SHIFT（ライフ・シフト）』（リンダ・グラットン（著）／アンドリュー・スコット（著）／池村千秋（訳）、東洋経済新報社刊）をもとに三井住友トラスト・資産のミライ研究所作成

① 　学び期間の延長

② 　学び直し新たな仕事に就労

③ 　仕事のペースを落とし社会貢献活動等に従事

などリカレントな教育と新しいステージが複数回、現れてくると思われます。こういったことを「人生のマルチステージ化」と呼んでいます。世界的にも長寿化が進んでいる日本は「人生100年時代のフロントランナー」として、その取組みが世界から注目を集めています。一方で、マルチステージ化により、個人が「どのようなことをしたいのか」「誰と一緒にしたいのか」「その実現のためにどうすればいいのか」を主体的に考えることが、よりいっそう重要になってくると思われます。具体的には、さまざまな選びうる可能性のなかから自分にとって（そして一緒に歩むパートナーたちにとって）進むべき計画を立て共有していくことが大切です。

● 重要となる「資産寿命」

　現在、生物学的な意味での「寿命」とは別に「健康寿命」という言葉を耳にする機会が増えてきました。また「人生100年時代」という言葉とあわせて、「資産寿命」という言葉もメディアに現われてきているようです。

　今後、長寿化、すなわち生物学的な寿命が延びていくことで、人生の選択肢と可能性は広がります。一方で思考能力、身体能力という観点では（当然個人差は大きいのですが）、十分にその機能が自立的に発揮できる「健康寿命」の期間と、周りからのサポートを受けながら生活していく「要支援・要介護期間」とに分かれてくるといわれています。現在、医学的な見地から日本における健康寿命は2016年時点で男性が約72歳、女性が約75歳といわれています。健康寿命期を過ぎ「要支援・要介護期間」に入って自立度が低下してくると、老後生活を支えていく資金はさらに重要になってきます。現役時代に「老後のために」準備した資産について、今度は、できるだけ長く働いてもらい、「寿命」をカバーしていくことが求められてきます。これが「資産寿命」の考え方です（図表 2 - 2）。

図表
2-2　寿命・健康寿命・資産寿命

生物学的寿命　　　　　　　男性81歳　女性87歳

（出所）　厚生労働省「平成30年簡易生命表」をもとに三井住友トラスト・資産のミライ研究所作成

健康寿命　　　　　　　　　　　　要支援・要介護期
（男性：9年　女性：12年）

（出所）　厚生労働科学研究費補助金分担研究報告書「健康寿命の全国推移の算定・評価に関する研究」をもとに三井住友トラスト・資産のミライ研究所作成

資産寿命

　では、それぞれの「寿命」に対して、個人としては、どう向き合っていけばよいのでしょうか？

　従来から、人の生活は「衣・食・住」で成り立つ、といわれてきました。現役世代の生活で「衣・食・住」が柱であることは、今も昔も変わらないでしょう。しかし、老後の生活においては、同じ「い・しょく・じゅう」でも、当てる漢字と内容が変わってきているように思います。

い＝医

　医療費も、病気や怪我の種類や頻度によって負担の大きさが変わってきます。また、医療費だけではなく身体能力が低下してきた場合は、介護費がかかってきます。しかし、日本は国民皆保険制度ですので、高額化した医療費や介護費の本人負担額には上限があり、不測の事態に対して、ある程度「保

「衣・食・住」から「い・しょく・じゅう」へ

衣・食・住

い 医 医療費・介護費	しょく 食・職・殖 食：老後生活費 職：就労継続・社会貢献 殖：蓄え	じゅう 住 住：安心して住まう
●健康保険制度 ●介護保険制度	●国民年金 ●厚生年金保険	
	■自助努力での準備も必要 ■準備するのに時間がかかる ■計画的に準備することが可能	■自分で準備する ■準備するのに時間がかかる ■計画的に準備することが可能

（出所）　三井住友トラスト・資産のミライ研究所作成

障」が機能する制度となっています。

しょく＝食・職・殖

　老後の生活費と現役世代の生活費との違いは、老後生活では「勤労による収入」を大きく見込めないことから、準備した老後資金を取り崩しながら資産寿命を延ばしていくことにあると思われます。柱となるのは国民年金や厚生年金保険といった国からの年金ではあるものの、2019年6月公表の金融審議会市場ワーキング・グループ報告書をきっかけとして、自助努力で老後資金を準備する重要性が認識されてきたところです。

- ●老後資金を準備し（＝食）
- ●シニア時代における就労継続で手元の資金の取崩しを先に延ばし（＝職）
- ●（必要に応じて）資金にも「運用」によって増えていってもらう（＝殖）

という意味が含まれている「しょく」は、資産寿命を延ばす観点で非常に重要な要素になってきています。

じゅう＝住

これは住居関連費用で変わりませんが、ただ、個人によって程度の差はありますが、年齢を重ねるにつれ生活面での自立度は次第に低下していきます。そういう自立度の変化にあわせて、生活時間の大半を過ごす場所である「住まい（住環境）」の重要性は、現役世代時よりも格段に高まってきます。お金があっても住まい（住環境）が整っていなければ「生活の質」（クオリティ・オブ・ライフ：QOL）を維持することはむずかしくなります。

そのために、どのような住まいが自分自身の老後生活に適しているのか、何が必要かを認識し、早めに備えることが大切です。

こうして老後生活における「医／食・職・殖／住」を俯瞰してみると、個々人が自助努力で準備していくウェイトが高い順番は、「住」次いで「食・職・殖」、そして「医」と思われます。「住」と「食・職・殖」は、準備に相応の時間を要するところが似ています。「医（病気）」は、予防や未病への対策はあるものの、その発生を予測することは難しいものです。一方、「住と食・職・殖」は、老後生活のスタートと密接に関連していますので、その発生時期を予測することができます。言い換えると、「（やろうと思えば）計画的な準備が可能」ということです。現役世代からシニア世代への切り替わり時期には、まず自分自身でコントロールできる「住と食・職・殖」の2つに関しての準備に目を向け、おおよその目算を立てることで、各人各様の老後生活での「自分のイベント」に取り組む余裕が生まれてくるものと思われます。

「人生100年時代」といわれますが、昔と比較してどのようにお金に関する悩みが変化しているのですか?

◉ 核家族から単身世帯にシフトする世帯構成

「人生100年時代」の意味合いとしては「長寿化がさらに進んでいく時代」ということで使われていることが多いようです。お金の悩みについての今昔を考えるうえでは、寿命とライフスタイルの2つが大きな要素となってきます。

約50年前の1970年では日本人の平均寿命は男性69.3歳、女性74.7歳でしたが、2018年では男性81.3歳、女性87.3歳と12年ほど寿命が延びてきています。寿命が延びることで、生涯の生活費用も従来よりも多くかかる計算ですが、それを考察するうえでライフスタイル（世帯構成）の変化は重要です。

厚生労働省が2019年7月に発表した「核家族や単独家族など、内部構成

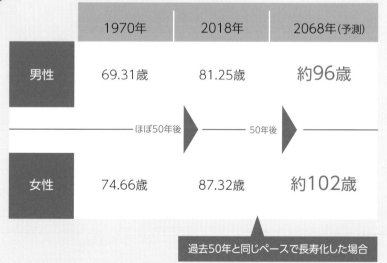

図表 3-1 日本の平均寿命の推移（予測）

	1970年	2018年	2068年(予測)
男性	69.31歳	81.25歳	約96歳
	─ ほぼ50年後 →	─ 50年後 →	
女性	74.66歳	87.32歳	約102歳

過去50年と同じペースで長寿化した場合

（出所）厚生労働省「平成30年簡易生命表」をもとに三井住友トラスト・資産のミライ研究所作成

別の世帯数推移」（2018年版「国民生活基礎調査の概況」に掲載）によると、日本の世帯数そのものは増加中ですが、それを支えているのは**核家族**（「夫婦のみ」「夫婦＋未婚の子供」「父親か母親のどちらか一方＋未婚の子供」の構成による世帯）と**単身世帯**であり、2018年における全世帯数に占める比率では、

「核家族世帯　60.4％」

「単身世帯　　27.7％」

「三世代世帯　 5.3％」

「その他　　　 6.6％」

となっています。

　この50年の世代間同居のあり方の変化をみてみると、「三世代家族（祖父母・父母・子（孫））」の比率は10％以上減少し、その分、単身世帯や核家族世帯が増加しています。

　構成比でみると核家族世帯よりも単身世帯の増加率が大きく、未婚の人が増加しています。また、1990年以降は「単身世帯…漸増」「核家族世帯…横ばい」となり、1990年あたりを境に、世帯構成のトレンドが核家族から単身世帯にシフトしています。

　背景として晩婚化、未婚化に加え、高齢者の単身世帯の増加といった、かつて「先進国病」といわれた社会構造上の変化が、このタイミングで顕著になってきたといえます。この社会構造上の変化は、個人のライフプラン、マネープランにおいて、従来であれば「親のめんどうは（同居して、家計も一体化させて）子供がみるのが当然」であったものが、「親のめんどうは親世帯が自己完結させる、自分の世帯家計は自身で完結させる」というかたちへの変化を促し、世代をまたいで補完していた関係を希薄化させていると思われます。つまり、「世帯の家計は世代間扶助を含めてまかなう」形態から「各世代が自身の家計に責任を持つ」形態へ変化させてきているともいえます。

◉「自助努力」による備えが重要となる生涯生活費の増加分

　この変化を、長寿化の進行に重ね合わせてみると、高齢期における個人の
ライフイベント面では、

　「長生きによる生涯生活費用の増加」

　「長生きによる医療・介護費用の増加」

　「高齢者（65歳以上）人口の増加を前提とした公的年金給付額の減少」
によって、生涯生活費用の増加が見込まれます。その増加分への備えは「自
助努力」での取組みが求められるようになるでしょう。現役期においては、
企業や団体での働き方と収入の関係が、従来の「年功的な右肩上り」モデル
から「同一労働同一賃金体系」がより色濃くなり、徐々に「将来の年収上
昇」は既定のものではなくなっていくと思われます。

　それは視点を変えてみると、企業や団体に属していてもフリーランス的な
働き方や兼業・複業といった2足、3足のわらじ的働き方の比率が高まって
くる、ということかもしれません。そういうかたちで世の中が変化していく
と、従来型の「企業や団体に就職したら、お金の面はすべて国と所属する組
織の処遇・制度に任せておけば悪いようにはならない」という期待感・安心
感を持ち続けるよりも、「働き方や年収の稼ぎ方は各人各様で、世帯構成も
法制上の結婚だけでなく、パートナー選びも性別を超えて多様化していく」
という前提で、「各人各様の（自分らしい）ライフスタイルを自ら築いてい
く」という考え方をするほうが時代にフィットしていくように思われます。

　従来の「お金の悩み」のイメージは「世間平均と比べてどうか？」という
視点が大きかったように思いますが、人生100年時代にあっては「**人生の選択
肢が増えていくなかで、誰と、どんなことをやりたいかを決め、必要なマネー
プランを一緒に考えていく**」というかたちに進化していくものと思われます。
具体的な取組みとしては、今後のライフイベントとそれに必要な資金見込み、
それを準備するためのマネープランを「それぞれの世代」の実情に合うかた
ちで考え、上手に使えそうな金融サービスを利用することが重要です。

Q4 安心できるミライを過ごすために、どのくらいのお金が必要ですか?

◉ 60歳〜100歳までの家計収支は約2,000万円の支出超過

「安心できるミライ」をイメージするうえで、まず、現時点で人の一生において、どのくらいのお金が必要になるのか考えてみましょう。

図表4-1は、総務省の家計調査報告の「既婚・自宅保有・ローン返済あり世帯」データから算出した各世代の支出と収入の平均額です。お金の問題をシンプルにとらえる観点で「支出」と「収入」の2つに着目して考えてみます。

今後、65歳以降でのリタイアが一般的になってくると思われますが、現状では60歳をリタイア年齢とおいて、それ以前を現役世代、以降をシニア

図表 4-1　100年時代における家計での支出と収入

(万円)

	20歳代	30歳代	40歳代	50歳代	60歳代	70歳代	80歳代	90歳代	合計
実支出(月額)	29	35	46	52	26	24	24	24	-
実支出(年額)	348	420	552	624	312	288	288	288	-
❶ 各世代での支出小計	2,436	4,200	5,520	6,240	3,120	2,880	2,880	2,880	30,156
実収入(月額)	46	53	65	70	21	20	20	20	-
実収入(年額)	552	636	780	840	252	240	240	240	-
❷ 各世代の収入小計	3,864	6,360	7,800	8,400	2,520	2,400	2,400	2,400	36,144

❸ ＝ ❷ － ❶

	20歳代	30歳代	40歳代	50歳代	60歳代	70歳代	80歳代	90歳代	合計
収入と支出の差分	1,428	2,160	2,280	2,160	-600	-480	-480	-480	5,988

20歳〜50歳代までの差分合計	8,028 万円	60歳〜90歳代までの差分合計	-2,040 万円
50歳代の保有金融資産(平均)	1,641 万円		

(注)　70歳代〜90歳代の実支出と実収入は変わらないものとした。
(出所)　総務省統計局「家計調査報告」平成29年　二人以上の勤労者世帯のうち住宅ローン返済世帯、65歳以降は二人以上の無職世帯の統計値をもとに三井住友トラスト・資産のミライ研究所作成

世代として位置づけ、「人生100年時代」ということで100歳までを射程に置いてみます。

　俯瞰しますと、既婚・自宅保有・ローン返済あり世帯の生涯収支は、人生を100年間として、

- ・使う系（支出）で約3億円
- ・稼ぐ系（収入）で約3.6億円
- ・現役世代は、「収入＞支出」で20歳〜50歳代までの差分合計では**約8,000万円の収入超過**
- ・シニア世代は60歳代以降「収入＜支出」となり100歳までの差分合計では**約2,000万円の支出超過**[1]

という概算値が出てきます。

◉ 50歳代の保有金融資産額の平均は1,641万円

　単純に生涯支出と生涯収入の差分だけみると「約6,000万円のプラス」となっていますので、「これなら"ミライ"は大丈夫」といいたいところですが、これは集計上、現役世代（20歳〜50歳代）の収支差分合計が約8,000万円のプラスとなっていることが寄与しています。そこで、同じ『総務省家計調査報告』の「50歳代の保有金融資産額（平均)」をみてみると、**1,641万円**となっており、先ほどの8,000万円と大きく乖離しています。これは、住宅購入時の頭金や諸費用、引越し費用、教育費（入学金、受験費用など）、車などの購入費など、月々の平均支出を大きく上回る支出が現役世代でライフイベ

1　2019年6月の金融庁金融審議会市場ワーキング・グループ報告書に端を発して「老後資金不足2,000万円問題」がフォーカスされましたが、この不足2,000万円の算定ロジックは、図表1の算出ロジックとほぼ同様の考え方です。
　　本書でも第3章以降で、60歳時点での老後資金準備の目標額を「約2,000万円」と仮定した記載をしていますが、その前提となる統計値が上記となります。ただし、これはあくまでも統計から算出した平均値ですので、すべての世帯に合致する水準ではありませんし、個別世帯の家計上の目標額（概算）は、個別の状況（各世帯の収入、支出、保有金融資産額など）により大きく異なってきます。

ントとして生じたことから、「50歳代のリアルな保有資産」はシニア世代での支出超過2,000万円をまかなえる水準までには至っていない、というのが実態です。

　では、シニア世代に入る直前で、家計の保有金融資産が2,000万円あれば「安心できるシニア世代」といえるのかというと、そこにも考慮すべき点があります。

　1つ目は、将来のインフレ（物価上昇）です。インフレはモノの値段が上がることですので、言い換えるとお金の価値が目減りすることです。老後のライフプランを考える際に「将来、これぐらいの資産はあるだろう」と思っていてもインフレが進むと資産の目減りのピッチが早くなることに注意が必要です。

　2つ目は、少子高齢化に伴い、年金収入（国からの年金）も減少する可能性があることです。現在、国の年金制度では、年金制度の将来にわたる維持を図る目的で「マクロ経済スライド」により調整を行っています。これは、年金制度維持に関する将来の現役世代の負担が重くなりすぎないように、年金給付の水準の伸び率を物価の伸び率よりも低く抑える仕組みです。したがって、上記のインフレが進行すると「手持ちの金融資産」の価値が目減りするだけでなく、公的年金の給付水準が物価の上昇に追いついていかない、という事態も出てくるということです。

　3つ目は、シニア世代の収入面の柱である「公的年金」の受取額は現役時代のライフスタイルや働き方で幅がある、ということです。こういった話題でよく「夫婦2人世帯の年金額はどうなるのか」という情報がありますが、現時点の公的年金制度に今から加入するとした前提でケース別に試算してみたのが図表4−2です。同じ夫婦2人世帯であっても「共働き」か「片働き」か、厚生年金受給か国民年金受給かによっても年金額が異なってきます。

　こういった点をふまえると、将来の「安心」をかたちづくる要素として、物量面・金銭面の大きさやゆとりも重要ですが、心配の種が少ない、ハラハ

ラドキドキしない、といった点の重要度が高まってくるものと考えられます。加えて、どんな世代においても「自分で選べる選択肢や可能性があり、自ら決定していくことにワクワクできる」という要素も大切になってくると思われます。

　各個人、各世帯における「安心」をイメージしたうえで、それを維持するための支出がどれくらい必要なのかを具体化し、必要な支出よりも収入（シニア世代においては「年金収入」＋「自分で保有している老後資金からの取崩し」）が、安定的に上回っていくように計画を立てていくことが重要です。

| 図表 4-2 | 夫婦2人世帯における公的年金受取額の目安（概算） |

	夫		妻		合計額
ケース① 夫：会社員 ＋ 妻：会社員	15.2万円	＋	13.4万円	＝	28.6万円
ケース② 夫：会社員 ＋ 妻：自営業or専業主婦	15.2万円	＋	6.5万円	＝	21.7万円
ケース③ 夫：自営業 ＋ 妻：会社員	6.5万円	＋	13.4万円	＝	19.9万円
ケース④ 夫：自営業 ＋ 妻：自営業or専業主婦	6.5万円	＋	6.5万円	＝	13.0万円
ご参考 ケース⑤ シングル世帯で会社員	15.2万円			＝	15.2万円

（出所）　会社員：全期間の平均年収（額面）：夫＜38年勤続＞500万円（平均標準報酬額42万円）　妻＜35年勤続＞400万円（平均標準報酬額33万円）
　　　　　自営業・専業主婦：国民年金　40年加入（満額受給）　を前提として三井住友トラスト・資産のミライ研究所作成

Q5 安心できるミライを過ごすために、「資産形成」をどのように考えていけばよいのですか？

A5 ◉ まずはライフイベント別の必要費用の把握を

　家計では、「通常生活の支出」と「ライフイベントに関連する規模の大きな支出」があります。日々の支出よりも日々の収入が大きければ、生計は安定的に推移していくはずですが、ライフイベントのなかには、ひと月の収入をはるかに上回る規模のイベントへの支出もあります。

　図表5－1をみると、そのような支出規模が大きいライフイベントについても、発生が「予測できる」ものと「予測できない」ものがあることがわかります。予測できるものについては、毎月の収入と支出の差分（余剰）を取り分けておいて、それをイベント発生時にイベント費用に充当する、という「準備してから支出する」という手順がフィットします。具体的には、結婚費用や車の購入費用、住宅購入費用のうちの頭金などです。

　予測できるもののうち、「（金額が大きくて）支出を準備するまでに時間がかかり過ぎるもの」については「先に支出しておいて、後で支出の穴埋めをしていく（ローンでの返済）」というかたちが用いられます。これは、準備⇒支出の順番を逆にして、支出⇒穴埋めとすることなので、仕組み的には一緒といえます。つまり、「将来の収入の一部を前借りして、（まとめて）支出する」ということです。

　「先に支出し、後で穴埋め」に合いそうで合わないのが教育関連費用です。たしかに、幼稚園から大学までかかる学費をまとめると千万円単位になりますが、ローン支払いになじまないことから、家計的には日々のフローから教育関連費用を捻出していくスタイルが一般的です。既婚子あり世帯が40歳代に突入すると、子供の学齢が中高大に差しかかり、住宅ローンの支払いと教育関連費用が通常の家計支出フローに相まって生じてきますので、この世代は「支出の負担を重く感じる」世代といわれています。

　予測できない支出規模の大きなライフイベントには、「（家計の稼ぎ手の）死亡・就労不能」「所有不動産（家屋・土地）の災害による毀損」などがあります。予測できなければ積み立てておくこともできませんし、金額的にも対

支出規模の大きなライフイベント例

予測の可否	ライフイベント例	必要な費用（概算）	
予測 できる	老後生活費用	60歳以降の生活資金支出総額　約1億3,000万円	
	住宅購入費用	首都圏で土地付注文住宅購入　　　　約4,800万円	
		うち　頭金（物件の2割と設定）　　約960万円 うち　住宅ローン借入額　　　　約3,840万円	
	教育関連費用	幼稚園〜大学まで国公立　　　　　約1,300万円	
	車購入費用	普通乗用車　　　　　　　　　　　　約314万円	
	結婚費用	婚約・結婚・新婚旅行まで　　　　　約470万円	
予測 できない	（世帯主の）死亡 （世帯主の）就労不能	遺族の今後の生活費 （死亡保険金の支払平均額）　　　約2,000万円	
	家屋火災の修繕費用	立替費用（都内木造戸建100㎡）　約2,000万円	
	自動車事故の賠償額	被害者への賠償　　　約4億円の事例もあり	

（出所）　老後生活費用：厚生労働省「平成30年簡易生命表」、（公財）生命保険文化センター
「平成28年度生活保障に関する調査」夫60歳、妻55歳時点の平均余命にて三井住友
信託銀行が試算。なお妻1人期間の生活費は2人期間の生活費×70％にて計算。
　　　住宅購入費用：住宅金融支援機構「2018年度フラット35利用者調査」をもとに三
井住友信託銀行が作成。土地付注文住宅の購入費用は、建設費と土地取得費を合わ
せた金額。
　　　教育関連費用：文部科学省「平成28年度子供の学習費調査」「平成29年度私立大
学等入学者に係る初年度学生納付金平均額（定員1人当たり）の調査結果について」
「国公私立大学の授業料等の推移」、日本政策金融公庫「教育費負担の実態調査結果」
（平成30年度）（独）日本学生支援機構「平成28年度学生生活調査結果」をもとに三
井住友信託銀行が試算。
　　　車購入費用：総務省統計局／小売物価統計調査（2019年）より「普通乗用車、国
産品、道路運送車両法で規定される普通自動車」の本体価格データより三井住友ト
ラスト・資産のミライ研究所が試算。
　　　結婚費用：（株）リクルートマーケティングパートナーズ「ゼクシィ結婚トレン
ド調査2018調べ」
　　　死亡保険金支払額：（公財）生命保険文化センター「平成30年度 生命保険に関す
る全国実態調査」世帯主の年齢別（30歳〜54歳）の世帯主の普通死亡保険金額デー
タから平均値を三井住友トラスト・資産のミライ研究所が試算。
　　　家屋火災の修繕費用：三井住友海上2019年10月版保険価額評価ハンドブックの新
築費単価表「東京都K・H構造」から三井住友信託銀行が試算。
　　　自動車事故の賠償額：三井住友海上GKクルマの保険パンフレットより2005年5
月17日名古屋地裁判決事例（バイクと衝突し被害者が後遺障害を負ったケース）

応がきわめてむずかしいことから、「共助」ということで、金融的には「たくさんの人々が少しずつ出し合って、お互いのリスクをカバーし合う」行動をとります。これが、「共に助け合う：共済」という仕組みがベースにある各種の保険になります。これらのライフイベントへの備えは、「保険」の特性がぴったり合うといえます。

◉「資産形成」に取り組む際の3つの考え方

このように、家計における「資産形成」とは、**「将来のライフイベントに関する支出を準備するために、通常の家計収支の余剰分を計画的に取り分けて管理していくこと」**といえます。家計の収入は「稼ぎ手」が働かないと入ってきませんので、資産形成を進めようと思うなら、まずは「お金を稼ぐ方向性」と「お金を殖やす方向性」で、整理して考えてみるとよいでしょう。

1つ目は、家計の余剰を大きくすることです。「①収入をアップさせる」「②支出を抑制する」「③そのどちらも行う」の選択肢があります。

2つ目は、家計を支える稼ぎ手の数を増やすことです。具体的には「片働きから共働きへ」という取組みが一般的です。

3つ目は、取り分けて管理しているお金自体に働いてもらうこと、つまり「資産運用」です。運用先は「預貯金」でも「株式・債券」でも「投資信託」でもよいのですが、将来的な支出イベントの大きさとその属性に合った運用先を選択できるように、少しだけ金融リテラシーを習得したうえで取り組むことが望まれます。具体的には「何年後に発生するイベントに対して、これくらいの資産準備をしておくために、収益見込みとしてこれくらいを運用先に投資する」ということを決めておくとよいでしょう。それを計画・実行する場合は、独学でもよいですし、具体的な目標イメージを金融機関やFP（ファイナンシャル・プランナー）に相談することも良い方法です。

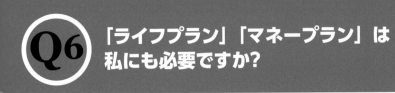

● 社会環境の大きな変化が背景

　生活していくなかで、仕事と家族、仕事と個人生活、家族と個人生活など
バランスをとりながら「今の生活」を前向きに楽しんでいきたい、という思
いは皆さん共通だと思います。ただし、今の生活をエンジョイしていれば将
来のライフイベントへの準備も進む、というのであればよいのですが、今後
の生活をよりいっそう充実させるためには、計画と準備が必要です。

　Q2のとおり、「人生のマルチステージ化」によって、人生100年の間に
「どんなことをしたいのか」「誰と一緒にしたいのか」「その実現のためにど
うすればいいのか」を主体的に考えることがよりいっそう重要になってきた
からです。現在の生活の充実とともに、10年後、20年後そしてもう少し長
めの視点を持って、仕事・家庭・自分などを含めた人生設計を考えていくこ
と、これが「ライフプラン」です。

　ライフプランが「将来の人生のイベントを想定すること」だとすれば、
「マネープラン」は「人生のイベントに取り組むための費用をイメージし準
備していくこと」になります。最近、ライフプラン、マネープランがより注
目されるようになってきている背景として世帯構成（ライフスタイル）の変
容があげられますが、これは、家族のあり方や働き方に関する人々の意識の
変化を表していると思われます。

　女性の就業継続・復帰支援の拡充や家計面での必要性などから「片働き世
帯」の比率が下がり「共働き世帯」が伸びてきています。また、未婚率の増
加傾向から、「シングル世帯」での生活を楽しむことも選択肢の1つとして
広まってきていますし、結婚後も子供を持たないという世帯も増えていま
す。「誰と一緒に過ごすのか」という人生のあり方も多様化してきているよ
うです。

● 「海図」の役割を担う金融機関やFP

　今後、人生のマルチステージ化のなかでさまざまな可能性がたくさん現れ

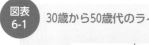

「ライフプラン」「マネープラン」は
私にも必要ですか？

てくると思われます。そのなかから自分に（そして一緒に歩むパートナーたち
に）とって進むべき計画を立て共有していくことが大切です。そう考える
と、ライフプラン、マネープランは人生のイベントを選び取っていくための
航海図のように考えておくとよいかもしれません。また、航路を選ぶ際に
『海図（地形や寄港地、海峡や海流などを表した海のマップ）』があれば、安心・
安全な航海につながり、途中での行き先変更や冒険も可能になります。

　ライフプランの策定にあたって、そういった「海図」としての役割を果た
すのが、金融機関やFP（ファイナンシャル・プランナー）からの情報発信であ
り、コンサルテーションであると考えられます。人生100年時代のライフプ
ラン、マネープランは、ご自身お１人だけの「プラン（計画）」ではなく、
一緒にこれからの人生を歩む方々にとっても重要な「プラン」です。これか
らは、ライフプラン、マネープランを考えることを通じて「**人生100年をデ
ザイン**」する時代になってくるといえるでしょう。

**図表
6-1　30歳から50歳代のライフスタイルの推移**

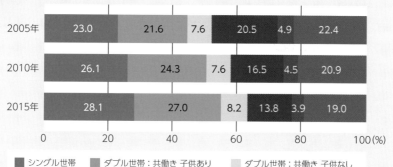

	シングル世帯	ダブル世帯：共働き 子供あり	ダブル世帯：共働き 子供なし	ダブル世帯：片働き 子供あり	ダブル世帯：片働き 子供なし	その他世帯
2005年	23.0	21.6	7.6	20.5	4.9	22.4
2010年	26.1	24.3	7.6	16.5	4.5	20.9
2015年	28.1	27.0	8.2	13.8	3.9	19.0

（注）　その他世帯……夫婦と親、１人親と子供、夫婦と子と親（三世代世帯）、兄弟その他親
　　　族同士等の世帯。
（出所）総務省「国勢調査」より三井住友信託銀行作成

Q7 「貯蓄から投資へ」という言葉がありましたが、日本では進んでいるのですか?

◉ いつから取り組んでいるの?

A7

　「貯蓄から投資へ」というキャッチフレーズは、日本では1996年の金融ビッグバン以降に使われ始め、2001年6月小泉内閣の「骨太の方針」で用いられたことで、その後、政府、当局が金融行政で掲げるスローガンの1つとなりました。

　その当時、不良債権問題への対応が喫緊の課題となっており、経済を再生し不良債権問題を抜本的に解決する政策の1つとして「21世紀に相応しい安定した金融システムを構築するべく、直接金融を重視したシステムに円滑に移行するために、個人の株式投資にかかる環境整備を行うなど証券市場を活性化する」方針が掲げられました。いわば、銀行を中心として発生した不良債権問題を再び引き起こさないように「企業が銀行からお金を借りる」ことの比率を下げて「企業が国民から直接、お金を投資してもらう」ことを推奨しよう、という政策です[1]。

　6月の方針公表後、同月に株式の単元株制度、7月はETF(上場投資信託)が初上場、10月に日本版401Kと呼ばれる確定拠出年金制度がスタートし、証券市場の構造改革や証券投資に関する優遇税制が矢継ぎ早に実施されました。この流れのなかで、2014年にはNISA(少額投資非課税制度)の創設、2017年にはiDeCo(個人型確定拠出年金)の対象者拡大などが実施されてきたのです。

◉ 進んだの? 進んでないの?

　金融庁が2016年9月に「平成27事務年度金融レポート」を公表していますが、このなかで、「(国民家計の)貯蓄から資産形成へ」は2015年末時点の

1　直接金融:国民が、株式や債券を購入して企業に投資をすることです。企業が直接、国民から資本調達するので「直接金融」といいます。これに対して、国民から預貯金を集めて銀行などの金融機関が企業へ貸し付けることを「国民の資金が銀行などを介して貸付資本へ転化する」ので「間接金融」といいます。

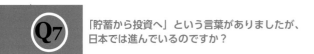

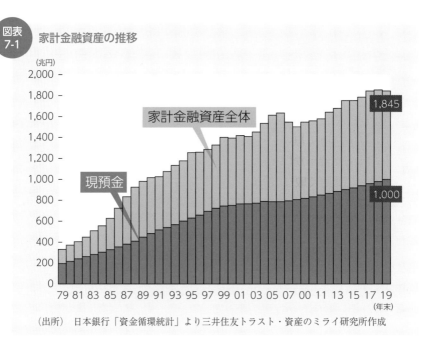

図表
7-1 家計金融資産の推移

(兆円)

家計金融資産全体

現預金

1,845

1,000

79 81 83 85 87 89 91 93 95 97 99 01 03 05 07 00 11 13 15 17 19
(年末)

（出所） 日本銀行「資金循環統計」より三井住友トラスト・資産のミライ研究所作成

家計金融資産の52％が現預金となっており、米英に比べ株式・投資信託等
の割合が低いと総括されていることから、道半ばとの認識と思われます。図
表7−1をみてみると、「貯蓄から投資へ」の方針が打ち出される直前の
2000年末時点の家計金融資産総額は約1,400兆円、内訳は現預金が53.9％、
株式・債券・投資信託等が14.4％でした。2015年末時点における家計金融
資産総額は約1,740兆円ですので、15年間で約24％増加しています。一方、
内訳で現預金額は903億円、比率で51.9％と、2％しか減少していません。投
資信託は2.4％から5.0％に倍増していますが、株式は8.6％で横ばいです。投
資信託の比率が倍増したとはいえ、家計金融資産全体に占める比率はわずか
5％でした。こうした数字をみる限りでは「貯蓄から投資へ」といったスロー
ガンは、「貯蓄から資産形成へ」と変わっても未だ十分に「行動」までには浸
透していないようです。

◉ 進まない「資産形成」、その理由は？

　現在、NISA（少額投資非課税制度）の口座数は1,363万口座、総買付額は18兆1,830億円（いずれも2019年12月時点）に達しています。またiDeCo（個人型確定拠出年金）の加入者数は156万人（2020年３月時点）を超えてきています。特に2019年６月の「金融庁金融審議会市場ワーキング・グループ報告書」の公表をきっかけに「老後資金不足2,000万円問題」が国会やマスメディアなどで大きく取り上げられましたが、これは報告書の本旨とは違った取り上げられ方になってしまったものの、世の中へ「自分の老後資金は自分で考えて準備しなければならないのだ」という意識を浸透させた出来事だったといえます。事実、2019年６月から８月にかけてiDeCo（個人型確定拠出年金）への新規加入者数が跳ね上がりましたし、FP（ファイナンシャル・プランナー）や金融機関が主催する「老後資金準備セミナー」には多くの方が参加され活況を呈しました。

　一方、海外の米国や英国に目を向けてみると、足元30年間で日米英の家計金融資産の伸び率比較では、英国は日本のおよそ倍、米国はさらに大きな伸びを示しています（図表７－２）。この理由は、金融資産構成比の有価証券運用比率の差によるものと説明されることが多いのですが、はたしてそうでしょうか。米国では、老後資金準備は社会保障、企業年金、自助努力（401KもしくはIRA）といわれていますが、特に支えとしているのは「自助努力」によるものです。米国の代表的な老後資金準備の器である401K（確定拠出年金）も、自分の給与から毎月老後資金として一定比率以上を積み立てていくのが基本です。その積立資金の運用が有価証券を中心とした資産配分になっているので、統計データでみれば、家計金融資産のなかでの有価証券比率が高くなっており、市場の上昇に伴った資産額の伸びを享受してきたものと考えられます。

　日本において資産形成が進まない理由として「ほとんどの勤労者が若くして高額な住宅ローンを抱えるので資産形成余力がない」「公的年金や企業の

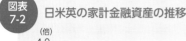

Q7 「貯蓄から投資へ」という言葉がありましたが、日本では進んでいるのですか？

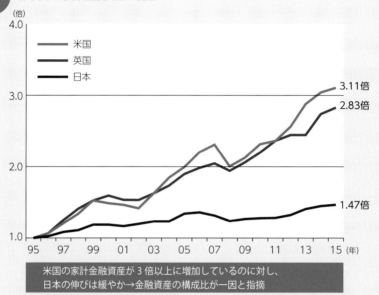

図表 7-2 日米英の家計金融資産の推移

(倍)

- 米国
- 英国
- 日本

3.11倍
2.83倍
1.47倍

95 97 99 01 03 05 07 09 11 13 15 (年)

米国の家計金融資産が3倍以上に増加しているのに対し、
日本の伸びは緩やか→金融資産の構成比が一因と指摘

（注）1995年を1として指数化。
（出所）金融庁による平成27事務年度「金融レポート」より抜粋、FRB、BOE、
日本銀行資料より、金融庁作成

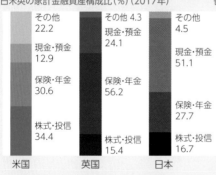

日米英の家計金融資産構成比（%）(2017)

米国
- その他 22.2
- 現金・預金 12.9
- 保険・年金 30.6
- 株式・投信 34.4

英国
- その他 4.3
- 現金・預金 24.1
- 保険・年金 56.2
- 株式・投信 15.4

日本
- その他 4.5
- 現金・預金 51.1
- 保険・年金 27.7
- 株式・投信 16.7

（出所）FRB、BOE、日本銀行資料より、金融庁作成

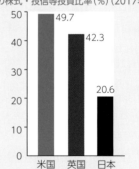

各国の株式・投信等投資比率（%）(2017)

- 米国 49.7
- 英国 42.3
- 日本 20.6

（注）年金・保険等を通じた間接的な保有を含む。
（出所）FRB、BOE、日本銀行資料より、金融庁作成

退職金が充実しているので資産形成への関心が薄い」といった指摘がありますが、いちばんの理由は、もしかすると**「老後資金を含めた自分の将来のマネープランに対する危機意識がなかった」**ことかもしれません。

　幸い、「老後資金不足2,000万円問題」によって、将来の安定・安心した生活に向けた自助努力の必要性が認識されたことから、今後、①自分の世代の負担は自分の世代で取り組み、次世代に引き継がないという「世代の責任」意識、②公的セーフティーネット・地域・家族との支え合いを維持しつつも過度に依存しない「個人の自立」意識の定着が進んでいけば、「貯蓄から投資」が「家計マネーを預貯金から有価証券に向かわせるためのスローガン」ではなくなり、それぞれの家計の事情に応じた資産形成へと向かっていくものと考えられます。

　そうなれば、マネープランの準備に適うものであれば「貯蓄」でも「投資」でも「貯蓄＋投資」でも、スタイルは各世帯にあったものであればよく、必ずしも家計金融資産の預貯金比率の減少を伴わないものになるかもしれません。

Column No.1

□ 個人の「資産形成」に関して、信託銀行は どのような専門的な機能を持っているのですか？

　信託銀行は古くからある銀行の形態の１つですが、どういった機能を持った銀行なのか、イメージをお持ちでない方も多いのではないでしょうか。実は、図表コラム１－１のように多岐にわたる業務分野や機能を持った銀行なのです。

　信託銀行の成り立ちは、実は、銀行として世に出てきたわけではなく、当初は「信託会社」として設立されたという経緯があります。三井住友信託銀行を例にとりますと、大正13年３月に三井信託株式会社として信託法、信託業法（いずれも大正11年成立）に基づき日本で最初の信託会社として設立されました。

「信託会社」とは個人や法人のお客様が保有されている「財（ザイ：価値のあるもの／資産）」をお預かりして運用・管理を行い、手数料をいただく業種です。戦前は、金銭信託という定期預金よりも金利の良い商品を中心に、個人のお客様から「長期間お預かりできる大口の資金」を受け入れさせていただくことで、業種として成長しました。

　しかし、第二次世界大戦において国内外の財が大きく失われ、信託いただいていた「財」も減少したことから、戦後の経済復興のなかで信託会社は銀行業務を「兼営」するかたちで再出発することになりました。

　戦後は銀行業務とあわせてメガバンクや地方銀行などにはない『信託ならでは』の「不動産仲介」「証券業務」などの機能を発揮してきました。また、日本の経済が復興・回復・成長していく過程で、信託銀行の業務も拡大し、法人取引先企業の従業員への資産形成制度の提供も担うようになりました（代表的な制度として企業年金、確定拠出年金、財形貯蓄制度、持家住宅融資、

図表コラム1-1　信託銀行の業務分野・機能

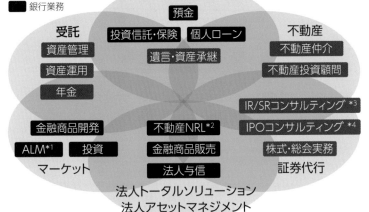

＊1　ALM：Asset Liability Management（資産・負債総合管理）
＊2　NRL：Non-Recourse Loan
＊3　IR/SR：Investor Relations/Shareholder Relations
＊4　IPO：Initial Public Offering（新規株式公開）
（注）　個人ローンには住宅ローンを含む

職場積立NISAなどがあります）。

　現在、信託銀行は、個人のライフイベントに関しては、「住宅ローン」「退職金の運用」「不動産の購入・売却時の仲介」「遺言」「相続」といった各イベントにおいて、専門的な機能を広く提供しています。また、現役世代の方々は、勤務先の法人においても「会社の福利厚生制度」として信託銀行のサービスを利用することが可能な場合もあり、身近な存在でもあります。

　信託銀行は、このように、社会人として活躍を始められた時から相続まで、個人のライフイベントのサポートやコンサルティング機能を担っています。今後、『人生100年時代』にあって、マルチステージ化が進むにつれ、従来以上に各人の事情に応じた自分ごと化（パーソナライズ）が重要になってきます。選択肢が増え多様化していく時代だからこそ、信託銀行は信託会社設立時からの「個人のみなさまにとっての資産管理・資産活用」の趣旨にのっとって、役に立てる存在になりたいとの思いを胸に、サービスの提供と有益な情報発信をしていきたいと考えています。

図表コラム1－2　三井住友信託銀行の事業規模・概要（2020年3月）

資産運用残高	87兆円	国内金融機関 第1位
資産管理残高※	224兆円	国内金融機関 第1位
企業年金受託残高	12兆円	信託銀行 第1位
年金総幹事件数	1,304件	信託銀行 第1位
投資信託受託残高	72兆円	信託銀行 第1位
不動産証券化受託残高	18兆円	信託銀行 第1位
証券代行管理株主数	2,777万人	信託銀行 第1位
個人ローン残高	10兆円	国内銀行 第4位
法人向け貸出残高	19兆円	国内銀行 第5位

※信託財産残高。資産管理専門信託銀行は信託財産に多くの再信託分を含むため除外
（出所）三井住友信託銀行

第 2 章

「資産形成」に必要となる
「金融リテラシー」

Q8 「マネープラン」をつくり、実行していくためにはどんな知識が必要ですか?

A8 ◉ 必要となる「金融リテラシー」

　近年、「リテラシー」という言葉を耳にする機会が増えてきています。ネットで検索してみますと、さまざまな領域においてリテラシーがあるようで、メディア・リテラシー、コンピュータ・リテラシー、情報リテラシー、文化リテラシー、環境リテラシーなどが出てきます。

　リテラシーのおおもとの意味としては「読解力・記述力」という識字能力的な使用のされ方をしていたようですが、現代では「何らかのかたちで表現されたものを適切に理解・解釈・分析し、あらためて記述表現すること」と解釈されています。

　このようにたくさんあるリテラシーのなかで、「マネープラン」をつくり実行していくためには「金融リテラシー」が必要といわれています。では「金融リテラシー」とはどういうことを指すのでしょうか。一般的には「金融商品やサービスの選択、生活設計などで適切に判断するために、最低限身に付けるべき金融や経済についての知識と判断力」だといわれています。これは具体的にいえば「金融にかかわる生活スキル、活用術」という意味です。

　『人生100年時代』といわれる超高齢社会にあっては、従来、人生で「1回ぐらい」と考えていたライフイベントを複数回経験することや、想定しない時期にイベントが出現することも想定されます。

　ライフイベントには「お金・予算」の準備が必要なものが、かなりあります。それぞれのイベントを自分が思い描いたイベントに近づけていくために**「お金について向き合って考えてみる」**、これが金融リテラシーの第一歩かと思われます。

　金融経済教育推進会議（金融庁、消費者庁、文部科学省、有識者、全国銀行協会、日本証券業協会、投資信託協会、生命保険文化センター、日本損害保険協会、日本FP協会、日本取引所グループ、運営管理機関連絡協議会、信託協会、金融広報中央委員会が構成メンバー）では、2016年1月に『金融リテラシー・

マップ～最低限身に付けるべき金融リテラシー（お金の知識・判断力）の項目別・年齢層別スタンダード』を公表しています。これは金融リテラシーの内容を年齢層別に、体系的かつ具体的に記したもので、金融リテラシーを学びたい際に参考となります。

「金融リテラシーマップ」の主な分類項目

▶ 家計管理

▶ 生活設計

▶ 金融取引の基本としての素養

▶ 金融分野共通

▶ 保険商品

▶ ローン・クレジット

▶ 資産形成商品

▶ 外部の知見の適切な活用

（出所）　金融経済教育推進会議

Q9 どうやって「金融リテラシー」を学べば よいのですか?

A9 ◉ 身近なところから始めるリテラシー向上策 〜まずは家計管理から〜

　Q8にて、「それぞれのイベントを自分が思い描いたイベントに近づけていくために『お金について向き合って考えてみる』、これが金融リテラシーの第一歩」とお伝えいたしました。これまで学校教育などで、学んでいない方も多く、あらためていわれると、「お金について向き合って考える」とは何から始めればいいか迷われるかもしれません。

　そんな方は、まずは、家計管理からのスタートをお勧めします。というのも、これからのライフプラン・マネープランを立て、資産形成をしていくとしても、まずは家計の余裕度を知らないことには、いくら貯金できるのか（できているのか）計画することができません。月々の収入（給与）はいくらか認識をしていても、月々の支出はいくらかかっているかわからない、という方も多いのではないでしょうか。まず収入と支出の管理から始め、ご自身のお金の流れを把握することがポイントです。

　家計管理はすでに実施している・できているという方は、次に5年〜10年後を目安にライフプラン・マネープランを立て、「自身が何を実現したいのか」「実現に向けては、いくらかかるのか」「必要額を貯める・捻出するために、月々の資産形成計画をどのようにしておくのか」にステップを進めていただくとよいでしょう。

◉ 金融・経済の基礎知識の習得や資格試験の活用も

　家計管理・プランニングと並行して進めたいのが、金融・経済の基礎知識の習得です。後段でご説明しますが、たとえば、人生の一大イベントである住宅購入で考えてみますと、「自宅は買うべきか、借りるべきか？」や、住宅ローンを組む際にも「金利は変動金利が良いのか？　固定金利が良いのか？」など、現在の市況をふまえながら選択していく局面は多くあります。ネットで検索すれば、たくさんの情報を入手できる状況ですが、だからこ

そ、そのなかで自分はどう考えるのか、どう判断するのか、を考える基礎力を身に付けておくことが大切です。

　学びの1つの方法として、体系立てて学んでいくという観点で資格試験の活用や、金融リテラシークイズに取り組んでみるのも効果的です。たとえば、ファイナンシャル・プランニング技能検定（主催は一般社団法人金融財政事情研究会と日本FP協会の2団体）があります。国家資格であるFP（ファイナンシャル・プランナー）資格を取得する検定試験ではありますが、家計にかかわる金融、税制、不動産、住宅ローン、保険、教育資金、相続、年金制度など幅広い知識を習得することができ、マネープランを考えていくうえで役に立つ資格試験です。

　暮らしに役立つ身近なお金の知恵・知識の情報サイトとして、金融広報中央委員会の「知るぽると」（https://www.shiruporuto.jp/public/）があります。このサイトでは、自分の金融リテラシーを2分で確認することができる「金融リテラシークイズ」が掲載されています。クイズの得点結果については、金融リテラシー調査の全国平均や居住している都道府県の平均と比較することができます。また、お金の知恵を学ぶリンク集〜金融学習ナビゲーター〜も掲載されていて、各種機関・団体等が提供している金融学習用の教材などを、小学生向けから高齢者向けまで各対象者別にまとめて紹介しています。

「資産形成」していくうえでの「資産運用」「貯蓄」「投資」とはどんなことですか？

A
10

● 資産とは？　資産「運用」とは？

　家計における「資産形成」については、第1章で「将来のライフイベントに関する支出を準備するために、通常の家計収支の余剰分を計画的に取り分けて管理していくこと」と確認しました。

　具体的には、「家計の余剰を大きくすること」「管理しているお金自体に働いてもらうこと」と整理していますが、このうち、「お金自体に働いてもらうこと」が「資産運用」です。

　ここでは「資産運用」についてもう少し詳しくみてみましょう。まず「資産」ですが、これは、個人や法人（企業・団体）が所有している経済的な富、というような意味で、身近なところでは「お金」「株式」「債券」「不動産」などが一般的です。「お金もしくはお金に換えることができるもの」というとらえ方もできます。

　次に「運用」ですが、もともとの意味は「備わっている機能をうまく活用すること」ということで、「資産の運用」という文脈では、金銭や株式、債券などの特徴を理解して、その価値を増やしていくこと、と考えられます。代表的な運用方法として「貯蓄」と「投資」があります。

　「貯蓄」は「貯めて、蓄えること」であり、金融機関に預金や貯金をすることでお金を蓄えていくことを指します。元本保証など確実性があります。また、基本的にはいつでも自由に引き出せるお金といえます。一方で、「投資」は、自分のお金を「お金と異なる資産」にかたちを変えて保有することで、価値を増やしていくやり方です。対象として、株式や債券などが代表的です。こういった投資の対象となる資産の特徴は「値動きがある」という点です。具体的にはその資産を取引する「市場」があり、そのなかで「値段」がつき、その値段が「変動する（上下する）」ということです。その資産を買った時の値段よりも売った時の値段が高ければ、その分が「利益（儲け）」になり、逆の場合は「損失」となります。視点を変えてみますと、「値動きがある」からこそ「利益」も生じるわけです。この「値動き（市場における

価値の振れ幅)」が「リスク」と呼ばれています。

　こう考えると投資におけるポイントは「上手にリスクをとり続けること」と「運用である以上、安く買って、高く売る」ことといえます。家計における資産形成は、中長期的なマネープランを考えるケースが多いと思われますので、将来のためのお金を、時間を味方にして、上手に増やしていくことが重要です（投資の対象となる資産の特徴と投資するうえでの留意点はQ11、Q12を参照）。

● 「投資」と「投機」は一字違い。しかし意味合いは大きく異なる

　では、「投機」と「投資」とは何が違うのでしょうか。投機は、短期的な値上りのタイミングをねらうものであり、勝つか負けるかの勝負、誰かが利益を得れば、誰かが損失になるといった、いわばゼロサムゲームのようなものです。投機と投資は一字違いですが、「投機」は儲かる時は大きく儲かりますが、損するときも大きいもので、たしかに、刺激があっておもしろいかもしれませんが、長く取り組んだからといって、儲かるとは限らない世界です（ルーレットが、「長くやれば、必ず勝てる」というものではないのと同じようなイメージです）。リスクをとったからといって、それに見合うリターンが期待できるわけではありません。

　これに対し、投資の対象となる資産は、その市場が開かれている国や経済、企業などの将来的な伸びや利益を果実として受け取るイメージですので、中長期で保有していくことで資産の持つ「リスク」をコントロールすることが可能です。これから資産形成を始められる方には、この違いをリテラシーとして理解し、「投資」への一歩につなげるとよいと思われます。

A11

● リスクは「危険」という意味ではなく、「振れ幅」のこと

「リスク」という言葉を聞いて、どのような印象を持つでしょうか。なかには、「危険」「損をする度合い」などが頭に浮かぶ方もいらっしゃるかもしれません。「リスク（risk）」は「危険の生じる可能性」「危険度」と直訳されますが、資産運用や投資の世界では、意味合いが少し変わってきます。図表11-1のとおり、資産運用の世界では、「リスク」は「振れ幅」のことを指します。そのため、価格が下落したときだけでなく、上昇したときも「リスク」ととらえ、振れ幅が大きければリスクが大きい、振れ幅が小さければリスクが小さい、と認識されています。

リスクと表裏一体で考えたいのは、「リターン」です。「収益性」と訳されますが、投資対象を考えていくうえで、このリスクとリターンの関係は最初に押さえておきたいポイントです。

● 主な運用対象資産とリスク・リターンの関係

運用対象資産の特徴をリスク・リターンの観点からみていきましょう（図表11-2）。

預貯金は、元本が保証されているもの[1]であり、リスク（振れ幅）はほとんどありません。ただ、現在の低金利環境化では、利息はほぼゼロに近く、リターンも相対的に小さくなっています。

いわゆる投資対象として、リスクがありながらも、相応にリターンが見込めるのが、続く「債券」「REIT（リート）」「株式」です。

それぞれの大きな違いとして、その収益の源泉を押さえておきましょう。

1　預金保険制度により、当座預金や利息のつかない普通預金等（決済用預金）は、全額保護されますが、定期預金や利息のつく普通預金等（一般預金等）は、預金者1人当り、1金融機関ごとに合算され、元本1,000万円までと破綻日までの利息等が保護されています。

リスクやリターンの関係について教えてください

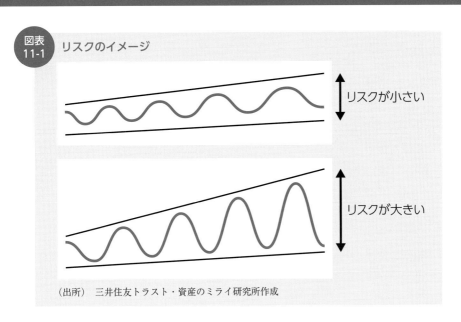

図表 11-1 リスクのイメージ

リスクが小さい

リスクが大きい

（出所）三井住友トラスト・資産のミライ研究所作成

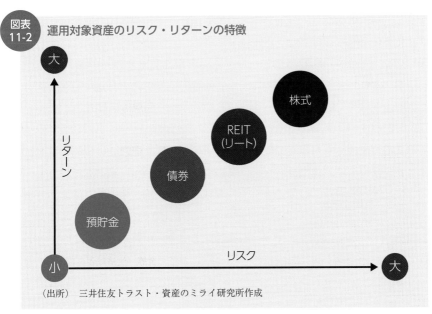

図表 11-2 運用対象資産のリスク・リターンの特徴

大

リターン

株式

REIT
（リート）

債券

預貯金

小 リスク 大

（出所）三井住友トラスト・資産のミライ研究所作成

Q11 主な資産の運用対象（預貯金、債券、REIT（リート）、株式など）や、その特徴、リスクやリターンの関係について教えてください

◉ 債券の特徴

　債券は、債券を購入し保有している間は利子が定期的に受け取れ、満期になったら元本が返ってくる、という仕組みになっています。そのため、満期まで保有すると受け取れる「額面金額」（元本またはあらかじめ約束した金額）や、保有期間中受け取れる「利子」が魅力です。また、基本的には途中で売却することも可能です。

　安定した利子収入が得られる点などから、図表11－2で比較的左下のほうに位置している債券ですが、発行体の信用力によって、リスク（振れ幅）の大きさはさまざまです。

　国が発行する国債であっても、信用力の高い国とそうでない国であったり、企業が発行する社債も、その発行する企業によって信用力（格付）、利回りはさまざまですので、目的（到達したいリターン、許容できるリスク）に応じて投資する債券種別などを考える必要があります。

　また、債券の価格は、原則、市場金利などと関連づいて日々変動しています。債券の価格が変動することにより、債券に投資したことにより得られる投資収益（利回り）も変わってきます。金利が上昇すれば債券価格は下落し、金利が低下すれば債券価格は上昇することも押さえておきましょう。

◉ 株式の特徴

　株式投資で期待した運用成果が得られるかどうかは、株式の価格の変動によって決まります。株価は、会社の業績や、景気、金利、為替などの経済の動きに加え、投資家の行動によっても変動します。株式の値上りによって得られる「値上り益」、会社が得た利益を株主に還元する「配当金」、また会社の製品やサービスの提供を受けられる「株主優待」が魅力です。

　また、株式市場で株式を購入することで、会社に出資し資金面で応援する人（資金の出し手）を「株主」といいます。株主になると、その発行会社に対して出資額に応じた権利、すなわち「株主権」を持つことができます。

図表
11-3
債券の分類と債券価格と金利の関係

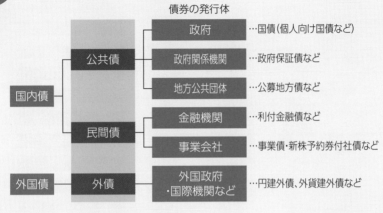

債券の発行体

		政府	…国債(個人向け国債など)
国内債	公共債	政府関係機関	…政府保証債など
		地方公共団体	…公募地方債など
	民間債	金融機関	…利付金融債など
		事業会社	…事業債・新株予約権付社債など
外国債	外債	外国政府・国際機関など	…円建外債、外貨建外債など

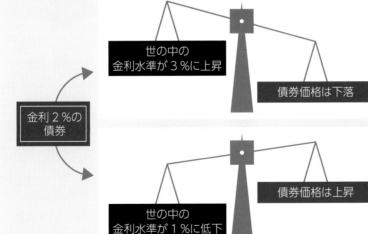

世の中の金利水準>金利2%…金利2%の債券の魅力が薄れる
⇨ 金利2%の債券価格は下落する

世の中の金利水準が3%に上昇

債券価格は下落

金利2%の債券

世の中の金利水準が1%に低下

債券価格は上昇

世の中の金利水準<金利2%…金利2%の債券の魅力が増す
⇨ 金利2%の債券価格は上昇する

(出所) 三井住友トラスト・資産のミライ研究所作成

Q11 主な資産の運用対象（預貯金、債券、REIT（リート）、株式など）や、
その特徴、リスクやリターンの関係について教えてください

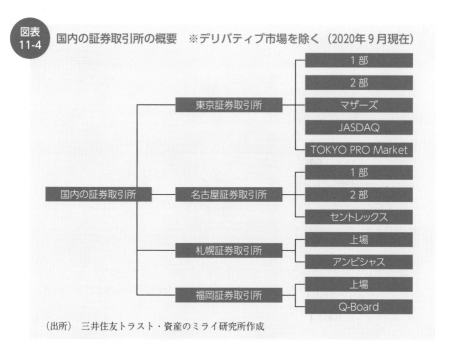

図表
11-4 国内の証券取引所の概要　※デリバティブ市場を除く（2020年9月現在）

（出所）三井住友トラスト・資産のミライ研究所作成

　株式の実際の売買は、国内であれば図表11－4のような、証券取引所で行われます。上場基準や規模に応じて取引所は異なってきます。

◉ REIT（リート）の特徴

　もともと、REITという仕組みは米国で生まれ、「Real Estate Investment Trust（不動産投資信託）」の略でREIT（リート）と呼ばれています。これにならい、日本では頭にJAPANの「J」をつけて「J-REIT」と呼んでいます。J-REITは、多くの投資家から集めた資金を、オフィスビルや商業施設、マンションなど複数の不動産に投資し、その賃貸収入や売買益を投資家に分配する投資信託です。

　REITと不動産投資の違いとして、通常、不動産投資は数百万円から数億円の資金を必要としますので、個人が不動産投資を検討しようと思っても、

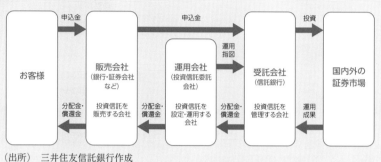

図表
11-5 投資信託の仕組み（イメージ図）

| お客様 | 販売会社
（銀行・証券会社
など）
投資信託を
販売する会社 | 運用会社
（投資信託委託
会社）
投資信託を
設定・運用する
会社 | 受託会社
（信託銀行）
投資信託を
管理する会社 | 国内外の
証券市場 |

申込金　申込金　投資
運用指図
分配金・償還金　分配金・償還金　分配金・償還金　運用成果

（出所）三井住友信託銀行作成

金銭面でネックになることもあります。一方で、REITを活用することで、1万円から投資が可能なため、気軽に不動産投資のメリットを享受することができます。いわば、「1万円で複数の不動産の大家さんになれる」というものです。

　なお、これまで記載した、株式や債券、REITなどの投資対象以外にも、分散投資の1つとして「金（GOLD）」を選択する方もおられるでしょう。金は、純金積立などの方法以外にも、金価格に連動するETF（上場投資信託）を通じて購入することも可能となっています。

◉ 投資信託の特徴

　運用を始めようとする方のなかには「自分の運用は自分でやる」派もいれば、「運用のイロハは理解したが、実際の運用は専門家に任せたい」派もいると思われます。

　投資信託は、「専門家に任せたい」というニーズに応える仕組みの金融商品です。具体的には、多数の投資者から集めた資金を1つの大きな資金（信託財産）として管理し、資産運用の専門家が株式や債券などに投資・運用します。そして、投資額に応じて、一定の費用（信託報酬）を差し引いた運用

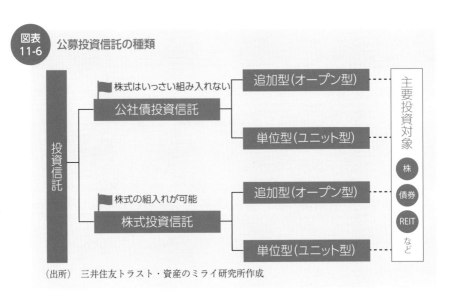

(出所) 三井住友トラスト・資産のミライ研究所作成

成果（利益）が投資家に還元される金融商品です。個別の株式や債券を購入するには、それなりの金額を準備する必要がありますが、一般的に、投資信託であれば1万円程度から始めることができます。また、「集めた資金をどのような対象に投資するか」は、投資信託ごとの運用方針に基づき専門家が行います。1つの商品のなかで複数の資産や地域に分散投資できるため、少額での投資でも、分散投資を行うことが可能です。

◉ パッシブ運用とアクティブ運用

投資信託の運用スタイルには、大きく「パッシブ運用」「アクティブ運用」「マーケット・ニュートラル運用」「ロング・ショート運用」「スマートベータ運用」などがあります。ここでは、そのなかでも代表的な「パッシブ運用」と「アクティブ運用」について説明します。

「パッシブ運用」では、市場の値動きを指数化した日経平均株価や東証株価指数（TOPIX）等のインデックスの値動きに連動することを目指す運用手

法です。インデックスファンドという括りで銀行や証券会社で紹介されており、運用中にかかる費用（信託報酬）はアクティブ運用のファンドと比べて安く設定されています。

　一方で、「アクティブ運用」は、ファンドマネージャーが独自の調査見通しに基づいて資産配分や銘柄の選択などを行い、市場の平均的な投資収益率以上の運用成果の獲得を積極的に目指す運用手法のことを指します。相対的に、インデックスファンドよりも運用中にかかる費用（信託報酬）は高い設定となっています。

　初めて投資をされる場合は、まずは耳なじみのある指数に連動したインデックスファンド（たとえば、日経225やNYダウなど）から始められる方が多いのではないでしょうか。もしくは、自身の関心の高いテーマ（たとえば、AIやCSRなど）や国・地域をもとに、アクティブファンドを選ばれる方もいると思います。

　商品が多く選択に困っているという方は、まずは日常的に利用している銀行などのホームページで「投資信託」と検索し、シミュレーションページなどで自身の「リスク許容度」をみてみるのもよいでしょう。たとえば、日本証券業協会が作成した「基本から、きちんと知りたい人のための『投資の時間』」https://www.jsda.or.jp/jikan/chart/というサイトでは、金融商品相性診断チャートがあります。まずはこうした便利ツールを活用しながら、ご自身の資産形成の選択肢を広げてみることをお勧めします。

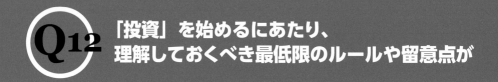

A12 ● 投資目的、投資金額、投資期間が大切

　投資をする際に、まず、その投資の「目的（何のため）」「金額（どれくらい）」「期間（いつまで）」を考えることから取り組んでみましょう。

　身近な例をライフプラン、マネープランに当てはめて考えてみると、「今年結婚したので、5年後には自宅を購入したい。少なくとも500万円くらいは頭金として準備したい」と考えていた場合には、「目的：住宅取得、金額：500万円、期間：5年」が投資の前提条件と整理することができます。

　前提条件の具体化ができると「自身のリスク許容度」が明確になってきます。「リスクをとって、できる限り大きなリターンを追求したい」という方もあれば、「リターンはそこそこでいいので、できる限りリスクを抑えたい」という方もあり各人各様と思われます。しかし、投資の前提条件と突き合わせて考えてみると、「5年後に頭金として500万円」の目標に対して、「リターンは＋20％ぐらいあるかもしれないが、同じくらいマイナスになる可能性もある投資」と、「リターンは＋2％程度ではあるものの、マイナスになる確率も大きくない投資」のどちらが目的に適っているか、検討しやすくなると思われます。

　どちらを選んだとしても、日々の経済活動により相場が変動するなか、価格の振れ幅を表すリスクをゼロにすることはできません。ただ、リスクを抑えながら、リターンを追求していくことは、次の3つの工夫によって実現可能です。

● 「投資」における3つの工夫とは？

工夫1：資産分散・地域分散
　値動きの異なる資産や地域に分散して投資を行うことで、リスクの低減を図ることができます。値上り益を追求する株式と、安定的な利子収入が見込める債券とを組み合わせて持つということや、株式のなかでも米国株・欧州株・日本株と地域を分ける方法もあります。

　投資の有名な格言に、「卵は１つのかごに盛るな」という言葉があります。１つのかごに持っている卵をすべて入れてしまうと、そのかごを落としたときに卵はすべて割れてしまいますが、卵を入れるかごを分けておくことでかごの１つを落としてしまっても残りのかごの卵は無事、というものです。１つのものに投資をする方法もありますが、リスクを抑えながら運用するには、「ポートフォリオ」（資産配分）を考えることが大切です。

工夫２：時間（タイミング）分散

　投資をするタイミングを複数回に分散することで、リスクの低減を図ることができます。

　代表的なものは、定期的に定額で購入していく「ドル・コスト平均法」です。図表12－１は、10万円ずつ５回、合計50万円、投資信託に投資した場合のイメージ図です。基準価額（投資信託１万口の価格）は１カ月目が10,000円、２カ月目が8,000円、などと推移しています。一括購入の場合には、１回で50万円購入しているので、購入単価は10,000円、50万口の購入になり、追加・解約などしない限り変わりません。一方、ドル・コスト平均法の場合には、毎月の購入額は10万円ですが、基準価額の変動により購入口数と平均購入単価が変わります。基準価額がいちばん高い10,500円の時（３カ月目）には約95,000口、基準価額がいちばん安い7,000円の時（４カ月目）には約140,000口の購入ができ、その結果として、５カ月間を通して平均購入単価は8,708円となり、一括で購入するより安く購入できたことになります。

　これがドル・コスト平均法の特徴で、基準価額が上がっているときには購入口数を少なく、価額が下がっているときには多く購入することができ、購入単価が平準化され、高値つかみのリスクを軽減することができます。

工夫３：長期投資

　投資タイミングを計ることはプロでもむずかしいですが、「時間を味方にすることができる」のが個人投資家の最大の強みです。国や企業などは年度

Q12 投資を始めるにあたり、
理解しておくべき最低限のルールや留意点があれば教えてください

図表 12-1 ドル・コスト平均法のイメージ図（1回当り10万円ずつ積み立てた場合）

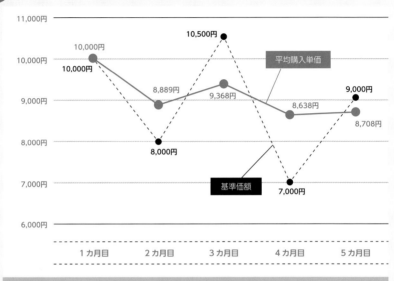

		1カ月目	2カ月目	3カ月目	4カ月目	5カ月目		合計
基準価額		10,000円	8,000円	10,500円	7,000円	9,000円		
ドルコスト平均法の場合	毎月の購入額	100,000円	100,000円	100,000円	100,000円	100,000円	合計	500,000円
	購入口数	100,000口	125,000口	95,238口	142,857口	111,111口		574,206口
	平均購入単価※	10,000円	8,889円	9,368円	8,638円	8,708円		8,708円
一括購入の場合	購入額	500,000円	-	-	-	-	合計	500,000円
	購入口数	500,000口	-	-	-	-		500,000口
	購入単価	10,000円	-	-	-	-		10,000円

※平均購入単価は、毎月の購入額の類型を購入口数の累計で割ったものです。
（注）上記イメージは、税金・手数料等を考慮していないため、実質的な運用成果を示すものではありません。また、小数点第1位を四捨五入しています。
（出所）三井住友信託銀行作成

ごとに決算があり、１年単位での成績を取りまとめますが、個人投資では、こういったルールはありません。投資期間を長くすることで運用成績の悪い時期と良い時期がならされ、１年あたりの平均的な収益率は安定する傾向があります。留意しておきたいのは、リーマンショックや、2020年新型コロナウイルス感染症（COVID-19）の流行などで大きく市場が下落したときに、とにかく売却をしてしまう（いわゆる"狼狽売り"という行動をとってしまう）ことです。マーケットに参加し続けないことには、値下がり後の反発も享受することができません。"Stay in the Markets"を心がけることが大切です。

　また、3つの工夫とは別に、投資に際しての手数料やコストについても確認し、比較することを習慣づけるようにしておくことも、実質的なリターンを把握するうえで大切なことといえます。

Q13 最近よく聞く「SDGs（持続可能な開発目標）」・ それぞれ何のことですか？ それは、「資産形成」

A 13

◉ SDGs・ESGとは？

　そもそも、これらは何の略語なのでしょうか。ここでは、用語の理解を深めるために、そもそもなぜこうしたキーワードが注目されているのか、から考えてみましょう。

　「SDGs」とは、2015年の国連サミットで採択された「持続可能な開発のための2030アジェンダ」に掲げられた国際目標「持続可能な開発目標 (Sustainable Development Goals)」のことです。グローバルな社会課題を17のゴールと169のターゲットに整理したもので、「地球上の誰一人取り残さない（leave no one behind）」をスローガンに、途上国から先進国まで一体となったさまざまな活動が行われています。

　「ESG」とは、Environment（環境）、Social（社会）、Governance（企業

図表 13-1 SDGs（持続可能な開発目標）17のゴール

1 貧困をなくそう	2 飢餓をゼロに	3 すべての人に健康と福祉を
4 質の高い教育をみんなに	5 ジェンダー平等を実現しよう	6 安全な水とトイレを世界中に
7 エネルギーをみんなにそしてクリーンに	8 働きがいも経済成長も	9 産業と技術革新の基盤をつくろう
10 人や国の不平等をなくそう	11 住み続けられるまちづくりを	12 つくる責任 つかう責任
13 気候変動に具体的な対策を	14 海の豊かさを守ろう	15 陸の豊かさも守ろう
16 平和と公正をすべての人に	17 パートナーシップで目標を達成しよう	

（出所）　国際連合広報センターホームページより

「ESG（環境・社会・ガバナンス）」とは、 に関係があるのでしょうか？

統治）の３つの言葉の頭文字をとったものです。従来の財務情報だけでなく、この３つの要素にも着目して企業を分析し、優れた経営をしている企業に投資する「ESG投資」が、近年、株式市場を中心に注目を集めています。

　これは、E・S・Gの３つの要素を考慮した経営を実践している企業でないと投資対象や取引対象として選別されないリスクが高くなっていることを意味し、ESG経営の質を高めることは、喫緊の経営課題として認識されつつあります。企業目線ではもちろん、個人投資家においても、資金の運用先や投資対象の選定をする際において、この「ESG」は重要なキーワードとして浮上しつつあるといえます。

　日本では、投資にESGの視点を組み入れることなどを原則として掲げる国連責任投資原則（PRI）に、日本の年金積立金管理運用独立行政法人（GPIF）が2015年に署名したことなどを受け、ESG投資が広がりを見せつつあります。

● 成長の限界という考え方

　「Sustainable」や「Environment」という言葉をよく耳にされると思いますが、原点は、ローマクラブが環境学者のデニス・メドウズ博士に委託した研究を取りまとめた報告書「成長の限界」（1972年発表）だと思われます。メドウズ博士は、地球の人口が100億人を超えると、地球の資源や環境では成長を支えきれず、人類社会は衰退を始めると指摘しています。報告書のなかでは、人口の爆発的な増加と工業化がこのまま続くと、食糧やエネルギー、さまざまな資源の不足と環境汚染の深刻化によって、2100年までに破局を迎える、そこで制約のなかで生きる「持続可能な社会」を目指すべきだということが書かれています。

　この「持続可能な」という言葉を、英語で「Sustainable」といいます（SDGsの"S"）。

● 最も緊急度が高い気候変動問題

　環境問題のなかでも、気候リスクの顕在化は、もはや将来のことといえな

Q13　49

Q13 最近よく聞く「SDGs（持続可能な開発目標）」・「ESG（環境・社会・ガバナンス）」とは、それぞれ何のことですか？　それは、「資産形成」に関係があるのでしょうか？

「令和元年東日本台風」による洪水で水に浸かった北陸新幹線

（写真）朝日新聞フォトアーカイブ

図表 13-2 気候リスクについて

待ったなしの気候変動問題への対応

1. 気候リスクとは？

物理リスク
急性（異常気象）、慢性（海面上昇等）の物理的被害

移行リスク
規制強化や技術革新等より経済環境が激変

すでに顕在化！

製品の販売規制など政策および法規制の変更リスク	低炭素オプションなど自社技術の急激な陳腐化	消費者行動の変化など販売市場の急変	原材料コスト高騰など調達市場の急変	NPO・メディアからの批判など評判リスクの急拡大

2. 気候リスクの具体例

- 頻発する風水害、異常な高温……実感として温暖化は進行している。
- 目先の台風被害ですら、いつ発生し、どの範囲でどの程度の被害になるのか予測がつかない。
- 欧州のガソリン車廃止のニュースの時のように市場のムードを一変させるような規制強化は予想できない。

外部（金融機関）からの予測は困難だからこそ、すべての企業は自ら予測し、情報開示することが求められれる

金融機関は開示情報をベースにリスク管理を強化し金融リスクへの波及を抑止しなければならない

金融安定理事会（FSB）は気候リスク＝金融リスクであると認識
G20の要請で気候関連財務情報開示タスクフォース（TCFD）を創設→情報開示フレームワークの提言

（出所）　三井住友信託銀行作成

くなってきました。日本においても、最近の台風や集中豪雨については影響を受けた方も少なくないと思われます。

　現在では、こうした物理的なリスクに加え、政策や法規制の変容や技術革新の進展、消費者行動の変化等で経済環境が激変する移行リスクに対する懸念も高まっています。こういった物理リスクと移行リスクで構成される**「気候リスク」**が重大な金融リスクに発展しうるものだと認識されており、企業には投資家に向けた情報開示の拡大が求められています。また、金融機関は、こうした開示情報をベースに、投融資のリスク管理の強化と適切な対応、そして自らもしっかりとした情報開示を行わなければならないとされています。

● ESG拡大のけん引役は？

　さて、こうした環境問題を金融業界が主導していくまでに拡大してきた背景をみていきましょう。背景は、国連が制定した責任投資原則（PRI）のなかで初めて打ち出されたコンセプトにあります。ESG拡大の主役は国連であり、「このまま人口が増え経済が拡大し続けると地球が持たない」という危機意識がありました。そこで、環境や社会の問題に経済の主役たる企業の主体的な参画を促す目的で、投資家の力を借りる方法として「ESG」という言葉を用いたのが始まりです。

　具体的には、2006年に「PRI（責任投資原則）」を発表し、そこで投資家の関心の高いガバナンス、つまり「G」に環境の「E」と社会の「S」をつなぎ合わせ、環境（E）と社会（S）をガバナンス（G）の問題にすることで、資産運用にESGを考慮する流れをつくりました。対象資産も当初は議決権行使などでガバナンスと親和性の高い株式でしたが、そこから、債券、不動産、ヘッジファンドにと資産運用対象資産全般へと拡大しています。さらには、2012年に「PSI（持続可能な保険原則）」が、2019年９月には「PRB（責任銀行原則）」が発効し、文字通りESGは金融業界全体の共通理念として広がりをみせてきています。ここまで拡大してきたのは、「サステナビリティを

Q13 最近よく聞く「SDGs（持続可能な開発目標）」・「ESG（環境・社会・ガバナンス）」とは、それぞれ何のことですか？　それは、「資産形成」に関係があるのでしょうか？

図表 13-3　金融コンセプトとしてのESGの進化

投資家の関心高い

E（環境）
気候変動、温室効果ガスの排出、水を含む資源枯渇、廃棄物と汚染、森林破壊等

外部不経済

S（社会）
奴隷、児童労働、先住民のコミュニティを含む地域社会、紛争、健康と労働安全、従業員関連、多様性

G（ガバナンス）
役員報酬、贈収賄と汚職、ロビー活動と政治献金、取締役会の多様性と構造、税務戦略

2006年 責任投資原則（PRI）

ESG

株式から債券、不動産、ヘッジファンド等に対象資産が拡大　世界全体：約3,000兆円 日本：231兆円（2018年）

運用業界から保険業界に拡大→2012年 持続可能な保険原則（PSI）

銀行業界に拡大し金融全体の共通理念に→2019年 責任銀行原則（PRB）

ESGを根本理念に据えた「サステナブル金融」の拡大
（持続可能社会に向けた具体的で明確な影響力（＝インパクト）を期待）

（出所）　三井住友信託銀行作成

経済全体に広めるために金融を有効なドライバーとして使うのだ」という、いわば国際的なコンセンサスが形成されてきたからだと思われます。

◉ SDGsとESG対応

　SDGsや温暖化問題に対応するためのパリ協定の締結など、持続可能な社会を構築していくための国際的な連携が急ピッチで進んでおり、そのための資金を提供する金融機関に対する期待が高まっています。

　三井住友信託銀行では、企業活動が、経済・社会・環境にもたらすプラスとマイナスの影響を評価し、借り手の企業が持続可能な社会に貢献することを支援する新しい融資商品（ポジティブ・インパクト・ファイナンス[1]）を開発しています。この商品は、UNEP FI（国連環境計画・金融イニシアティブ）の基準に準拠した一般の貸出（資金使途を特定しない）としては世界初の取組

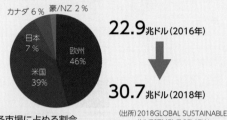

| 図表 13-4 | 国内外のESG市場規模 |

3,000兆円を超える世界のESG市場(2018年)

カナダ 6 % 　豪/NZ 2 %

日本 7 %　欧州 46%　米国 39%

22.9兆ドル(2016年)

↓

30.7兆ドル(2018年)

(出所)2018GLOBAL SUSTAINABLE INVESTMENT REVIEW

各市場に占める割合

	2014	2016	2018
欧州	58.8%	52.6%	48.8%
米国	17.9%	21.6%	25.7%
カナダ	31.3%	37.8%	50.6%
豪/NZ	16.6%	60.6%	63.2%
日本	――	3.4%	18.3%

（出所）　三井住友信託銀行作成

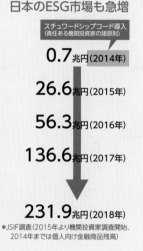

日本のESG市場も急増

スチュワードシップコード導入
(責任ある機関投資家の諸原則)

0.7兆円(2014年)

26.6兆円(2015年)

56.3兆円(2016年)

136.6兆円(2017年)

231.9兆円(2018年)

*JSIF調査(2015年より機関投資家調査開始、2014年までは個人向け金融商品残高)

みです。

　また、ESG投資に関して三井住友トラスト・グループでは、1999年に日本で初めて責任投資ファンド（日興エコファンド）の運用を開始しました。2003年には企業年金向けに日本で初めて責任投資ファンドを提供、2006年にはUNEP FI（国連環境計画・金融イニシアティブ）の署名機関になり、2010年には中国株の責任投資ファンドを開発しています。

1　ポジティブ・インパクト・ファイナンスは、企業活動が経済・社会・環境にもたらすインパクト（ポジティブな影響とネガティブな影響）を包括的に分析・評価し、ネガティブインパクトの緩和とポジティブインパクトの拡大について目標を設定し、その実現にコミットすることを融資の条件とするものです。具体的にはUNEP FIが定めたポジティブ・インパクト金融原則および同実施ガイドラインに即した手続きをふまえて実行するもので、企業の活動、製品、サービスによるSDGs達成への貢献度合いを、重要業績評価指標（KPI）を活用して具体的に明示して開示することが最大の特徴です。

Column No.2

—□ 学校教育に取り入れられつつある
　「金融リテラシー」教育

金融リテラシーを身に付けるためには？

　金融庁等が発信している「最低限身に付けるべき金融リテラシー」によると、身に付けるべき金融リテラシーとして挙げられている項目（Q8参照）に加えて、「金融リテラシーを身に付けるためには、知識の習得に加え、健全な家計管理・生活設計の習慣化、金融商品の適切な利用選択に必要な着眼点等の習得、必要な場合のアドバイスの活用などが重要です」との記載があります。

　これは簡単にいえば、お金との付き合い方・向き合い方を自分自身で考え、判断し、行動に移すことができる力、と言い換えられそうです。

なぜ今、金融リテラシー向上が求められている？

　金融リテラシーは、従前から求められてきたことではありますが、人生100年時代を目前に控え、ますますその重要性が注目されています。人生100年という長い期間を、明るく楽しく、安心して過ごすためには、早いうちからお金との向き合い方を学び、また、それぞれ異なるライフプランに応じて必要な選択・判断を行っていく力が求められるためです。

日本でも金融教育が進んでいる

　こうした状況をふまえ、日本でも近年、金融教育への取組みが進んでいます。

　たとえば、国においては、「お金ってなんだろう！　金融庁こども霞が関見学デー」で小学生向けにマネー講座が開催されていますし、金融庁などのホームページでは、若年層から中高生、大学、成人、社会人向けに、それぞれの世代の節目に「お金や経済について知っておくべき」内容について教材の利用が可能なかたちで掲載されています（金融庁HP、知るぽるとHPなど）。

　一方、民間の金融機関においても、小中高大学生、また教員の方向けに、資産形成の大切さや経済の基本的な考え方等のテーマで、出張授業や講演活動などが行われています。

　こうした金融教育の広がりにより、これまで、世代によっては「子供の前で

お金の話はしない」「お金のことを話すのは何となくタブー視してきた」「お金儲け＝汚いこと」といった価値観もあったかもしれませんが、近年では、NISA制度など国による個人の資産形成に関する各種支援制度についての広報・普及活動とともに、そうした考え方が薄らいできたように思われます。

米国の金融教育の例

　日本と比較すると、米国の場合には早くから自立を促す実践的な教育としてカリキュラムに組み込まれ、金融教育が行われてきました。

　1つの例ですが、以下の図表は、米国の金融経済教育の推進組織ジャンプスタート（Jump$tart）が開発した子供たちが理解するべきパーソナルファイナンスについての枠組みです。収入と支出の基本から、投資や保険に至るまでの広範な領域をとらえていることがわかります。長期のライフプランニングを考えながら、お金との付き合い方を考えられるようになっていることがうかがえます。

　日本でも、こうした海外の取組みを参考にした金融教育のよりいっそうの浸透が必要といえそうです。

図表コラム 2 - 1　ジャンプスタート（米国）による金融教育の内容

支出と貯蓄	支出と貯蓄の計画、お金の記録・活用の仕組み、支払方法の違い、消費者としてのスキルの応用
クレジットと負債	クレジットコストやメリット、信用情報に関連する借り手の権利と責任、債務整理の問題を回避・是正するための方策、主な消費者金融の法律
雇用と収入	仕事とキャリアの選択肢、収入源、収入に影響を与える要因の分析
投資	投資がどのように富を築き目標金額達成に役立つか、投資の選択肢、投資に関する売買の実演、投資家保護・金融市場や金融商品の規制
リスクマネジメントと保険	リスクの種類と基本的なリスク管理方法、損害保険や賠償責任保険、健康保険・傷害保険・介護保険・生命保険
金融上の意思決定	意思決定に関する責任、信頼できる情報の利用、消費者保護法、選択肢の体系的な検討、コミュニケーション術、契約義務の要件、個人情報の管理、ファイナンシャルプランニング

（出所）　Jump$tart「National Standards in K-12 Personal Finance Education」より作成

第 3 章

現役世代の
ライフイベントに必要なお金と
上手に使いたい金融サービス

（20歳代・30歳代・40歳代・50歳代編）

Q14 20歳〜50歳代のライフイベントと金融面の ニーズ（お金の機能）の全体像を教えてください

A 14

◉ 30歳代は「支出」系のイベントラッシュ期

　20歳〜50歳代の主なライフイベントの大枠を図表14−1のようにマッピングしてみます。

　ライフイベントを「支出」系のイベントと「収入」系のイベントに分けて俯瞰してみると、30歳代は支出系のイベントが目白押しになっており、イベントラッシュ期ともいえます。

　収入系も、従来は学びのステージが終わった時点で企業・団体に就職し「就職した企業・団体で定年まで勤め上げる」ことが美徳とされていましたが、現在では「リカレント教育（就職してから学び直しを経て新たな仕事に就くことを交互に行うことを勧める教育システム）」をベースとした就労サイクル

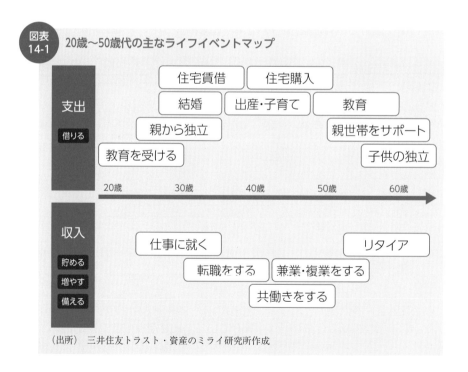

図表 14-1 20歳〜50歳代の主なライフイベントマップ

（出所）三井住友トラスト・資産のミライ研究所作成

を実践していく層が増えてくるといわれています。そういった観点では、支出系のイベントでも「結婚」-「出産」-「教育」-「子供の独立」といった単線的な現われ方だけでなく、「結婚」-「結婚解消」-「新しい出会い」-「結婚」-「出産」というループ型での現われ方も多くなってくると思われます。これらのイベントを金融ニーズ（お金の機能）という切り口で眺めてみると、収入系は「家計収入」に、支出系は「家計支出」にインパクトがあるイベントといえます。

　金融ニーズとして整理する場合は、まず将来に向けて支出系イベント計画を想定し、その実現に向けて収入系で「貯める」「増やす（投資）」「備える（保険）」という金融機能・サービスを活用することが一般的です。とはいえ、住宅ローンなどが典型的ですが、使う（買う）時点で必要資金を準備しきれない場合、支出系の金融機能として「借りる」を発動させる、という構図になっています。

　お金は、それ自体が目的というよりも「個々人が個性的な人生を送るための暮らしの道具」と位置づけることができそうです。道具はその機能と扱い方を知れば、上手に活かすことが可能になります。こういった金融サービスに関する「道具を活かすための知識」が、第2章で確認した「金融リテラシー」という言葉の本質的な意味だと考えられます。

● 借りて返済する、ということができない「老後生活費用」

　図表14-1ではライフイベントを支出系、収入系に分けて俯瞰しましたが、参考として、主要なイベントにかかる平均的な費用イメージを図表14-2に掲載しています。「人生の三大資金」のボリュームが他のイベントと比較すると大きな出費であることが確認できます。また、このうち「住宅購入費用」「教育関連費用」は住宅ローンや学資ローンというかたちで「借りて返済する」ことができますし、多くの方が利用されていますが、「老後生活費用」については、仕事をリタイアしていることが前提で定期的な収入がないため、一般的には「借りて返済する」ということができないことに留意

が必要です。2019年夏に注目を集めた「老後資金不足2,000万円問題」も、
こういった「老後生活費用」の特徴が背景となっていました。

図表
14-2　主要なライフイベントにかかる平均的な費用イメージ

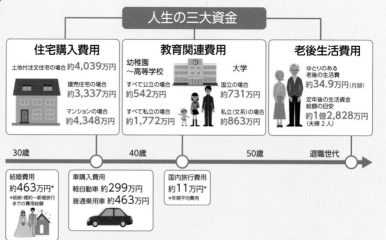

（出所）　結婚費用：㈱リクルートマーケティングパートナーズ「ゼクシィ結婚トレンド調
査2017」、1万円未満を四捨五入。
　　　　住宅購入費用：住宅金融支援機構「2017年度フラット35利用者調査」をもとに三
井住友信託銀行作成。
　　　　教育関連費用：文部科学省「平成28年度子供の学習費調査」「平成28年度私立大
学等入学者に係る初年度学生納付金平均額（定員1人当たり）の調査結果について」
「国公私立大学の授業料等の推移」、日本政策金融公庫「教育費負担の実態調査結果」
（平成29年度）、（独）日本学生支援機構「平成28年度学生生活調査結果」をもとに
三井住友信託銀行試算。大学は下宿・アパート等に居住の場合で、内訳は、入学金、
授業料、施設設備費、生活費、自宅外通学を始めるための費用。
　　　　老後生活費用：厚生労働省「平成29年簡易生命表」、（公財）生命保険文化セン
ター「平成28年度生活保障に関する調査」夫60歳、妻55歳時点の平均余命にて三井住友
信託銀行試算。なお、妻1人期間の生活費は2人の生活費×70%にて計算。
　　　　車購入費用：総務省「小売物価統計調査（動向編）」全国統一価格品目の価格（2018
年8月）
　　　　国内旅行費用：（公財）日本生産性本部「レジャー白書2018」

現在30歳代以下の世代は、1980年以降、日本において少子化が進行するなかで生まれ育ちました。30歳代の人口は1,391万人で、現在40歳代の人口1,817万人のおよそ4分の3にとどまります。いわゆる「1.57ショック」の年である1990年からの10年間に生まれた20歳代の人口は1,234万人とさらに少なく、40歳代人口の約3分の2となっています。

A 15

この世代には、育ってきた時代背景や受けてきた教育を反映したいくつかの特徴がみられます。

● ゆとり世代・さとり世代

この世代は、少なくとも物心がついて以降は右肩上りとはほぼ無縁の経済環境のもとで、多くが「ゆとり学習」を受けて成長しました。そのせいか、総じてガツガツしたところがなく物事を達観してみる傾向があり、「ゆとり世代」「さとり世代」と呼ばれます。

● デジタルネイティブ

この世代は、「デジタルネイティブ」という側面も持ち合わせています。現在30歳代の人たちが中学〜高校生の頃、20歳代の人たちが幼稚園に通っていた頃にはインターネット普及率が5割を超えており（図表15-1）、これに関連したメディア・サービスを子供の頃からごく当たり前に利用してきました。

● 画一的でない就業

彼らが社会人になる頃には、終身雇用や年功序列の賃金制度など日本的経営慣行からの脱却が始まっていました。また、エンジェル税制の拡充など資金が潤沢でない若者でも起業しやすい環境が整いつつあります。このため、「スキルと知識によっては新入社員で年収1,000万円」など、年上世代と比べ若いうちから稼げる人も現れており、比較的早い時期から世代内における経済格差がつきやすい世代となる可能性があります。

現在30歳代以下の世代の特徴を
歩んできた時代背景とともに教えてください

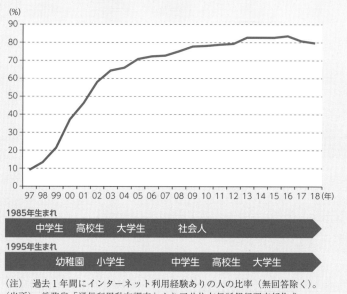

図表 15-1 30歳代以下の世代の成長とインターネット普及率

(注) 過去1年間にインターネット利用経験ありの人の比率（無回答除く）。
(出所) 総務省「通信利用動向調査」より三井住友信託銀行調査部作成

　就業観についても、１つの企業で働き続けるという意識が薄かったり、勤務地も東京に拘らないなど、過去の世代と比べ柔軟な人が多いようです。

◉ 共働きが既定路線

　就業に関しては、共働き夫婦比率、なかでも２人揃って正規雇用者として働く夫婦の比率が高いことも特徴です。現在30歳代の夫婦の64.7％が共働きであり、うち26.5％は夫婦ともに正規雇用者として働いています。10年前、現在40歳代の人たちが30歳代だった頃の共働き夫婦比率は51.1％、正規雇用者夫婦の比率は17.7％であり、共働き化の進展が明らかです（図表15－2）。

　共働き夫婦の増加は、経済的な必要性や法制面の整備による部分も大きい

図表
15-2　30歳代夫婦の就業状況別構成

(%)

2007年時点
(現40代世代)
- 48.2
- 24.3
- 17.7
共働き
51.1%

2017年時点
(現30代世代)
- 34.9
- 28.7
- 26.5
共働き
64.7%

■ 夫婦とも正規雇用　■ 夫正規・妻非正規　□ 夫非正規・妻正規
□ 夫婦とも非正規雇用　■ その他(自営業)　■ 片働き　■ 夫婦とも無業

(出所)　総務省「就業構造基本調査」より三井住友信託銀行調査部作成

ですが、教育制度の変化も影響しているでしょう。女子のみの必修科目で
あった家庭科が、中学校では1993年度から、高等学校では1994年度から男
女共修となったため、現在30歳代以下の世代は男女ともに家庭科を学んで
おり、ジェンダーギャップ意識が相対的に希薄といわれます。

◉ 消費には淡白、それより貯蓄

　この世代の経済的な豊かさへの欲求や消費意欲は、年上世代、とりわけバ
ブル世代などと比べると低いようです。これは家計収支のデータにも現れて
います。

　前述の共働き夫婦が多いこととも関連しますが、現在30歳代の世帯の収
入は、年上の世代が30歳代だった頃より4〜5万円多く、近年増加している
税金や社会保障負担を差し引いた可処分所得ベースでも2〜4万円上回って

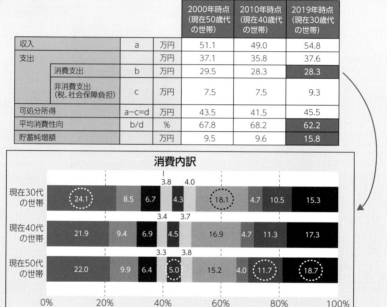

図表 15-3 30歳代サラリーマン世帯の1カ月の収支比較

			2000年時点 (現在50歳代 の世帯)	2010年時点 (現在40歳代 の世帯)	2019年時点 (現在30歳代 の世帯)
収入	a	万円	51.1	49.0	54.8
支出		万円	37.1	35.8	37.6
	消費支出	b	万円	29.5	28.3	28.3
	非消費支出 (税、社会保障負担)	c	万円	7.5	7.5	9.3
可処分所得	a−c=d	万円	43.5	41.5	45.5
平均消費性向	b/d	%	67.8	68.2	62.2
貯蓄純増額		万円	9.5	9.6	15.8

消費内訳

現在30代の世帯: 24.1 / 8.5 / 6.7 / 3.8 / 4.0 / 4.3 / 18.1 / 4.7 / 10.5 / 15.3

現在40代の世帯: 21.9 / 9.4 / 6.9 / 3.4 / 3.7 / 4.5 / 16.9 / 4.7 / 11.3 / 17.3

現在50代の世帯: 22.0 / 9.9 / 6.4 / 3.3 / 3.8 / 5.0 / 15.2 / 4.0 / 11.7 / 18.7

凡例: ■食料 ■住居 ■光熱・水道 ■家具・家事用品 ■被服及び履物 ■保険医療 ■交通・通信 ■教育 ■教育娯楽 ■その他

(注1) 2000年、2010年、2019年の物価の違いを調整するため、消費者物価指数により実質化し、2015年価格に統一。
(注2) 貯蓄純増額＝預貯金純増額＋保険純増額＋有価証券純購入額
(出所) 総務省「家計調査」「消費者物価指数」より三井住友信託銀行調査部作成

います。

　しかし、収入が多いからといってその分消費も増やしているわけではありません。月々の消費支出は28.3万円で10歳上の世代とは同額、20歳上のバブル世代と比べると1万円以上少ないのです。可処分所得のうち消費に回した割合である平均消費性向も、10歳上、20歳上の世代が30歳代だった頃に

は68％前後であったのに対し、現在の30歳代世帯は62.2％とかなり低めです。逆に、月々の貯蓄純増額（預入額−引出額）は15.8万円と、年上世代より６万円以上多くなっています（図表15−３）。

　また、消費の中身も、食費や社会インフラともいえる通信費などの比率が高く、衣服や靴、カバンなどの身の回り品やレジャーへの支出比率は相対的に低くなっており、消費意欲旺盛なバブル世代とは対照的です。30歳代以下の若い世代は、消費にはさほど重きを置いておらず貯蓄志向が高いことがみてとれます。

● 多様な資産形成に期待

　30歳代世帯の平均貯蓄残高は600万円弱で、年上世代が30歳代の時と比較すると、今のところ特に資産形成が進んでいるとはいえません（Q18 図表18−２）。仮にこれまでと同じペースで貯蓄積増しを続けるとすると、60歳代になった時の平均予想残高は1,319万円であり、Q4で算出した老後の生活に必要な資金の目安である2,000万円（P12参照）には到底届きません。

　とはいえ、共働き、しかも夫婦ともに正規雇用者の比率が高い世代なので、40歳代になり夫婦ダブルで所得が増えてくれば、もともと貯蓄意識が高い世代なだけに資産形成ペースの加速が期待できます。バブル崩壊やリーマンショックで自身の投資に痛手を受けた経験がないことや、長期投資の恩恵を受けられる「時間」があることから、預貯金一辺倒ではなく投資運用に目を向ける可能性もあるでしょう。

　環境問題や気候変動問題が深刻化するなかで育ち、シェアリングエコノミーや個人間取引をすでに実践している人も多いこの世代は、資産形成に関しても、クラウドファンディング、SDGs関連投資など従来の型にはまらない多様な方法で行う素地を持っていそうです。他方、スキルアップや資格取得、さらには学習時間確保のための家事外注といった「自分への投資」のほうが運用よりも資産形成への確実な道だと考える人も少なくないと考えられます。

Q16 20歳から30歳代の「マネープラン」とは？ このとき使いたい金融サービスにはどのような

　2020年1月、三井住友トラスト・資産のミライ研究所は全国の20〜64歳の男女1万人を対象に「住まいと資産形成」に関するアンケート調査を実施しました。自分で現住居を購入した3,610名に「住宅購入の動機」を尋ねたところ、30歳代の動機として第1位は「賃貸の家賃を払うなら家が自分のものになったほうがいいから」（これは他の世代でも動機の第1位）でしたが、第2位、第3位はそれぞれ「子供が生まれたから」「結婚した／する予定だから」となり、ライフイベントの発生や世帯構成の変化が購入動機の上位に現われたのが特徴的でした。

　厚生労働省の人口動態統計「平成28年度　婚姻に関する統計」によると、日本の初婚同士の結婚年齢は2015年時点で夫30.7歳、妻29.0歳であり、30年前（1985年／昭和60年）の夫28.2歳、妻25.3歳と比較すると明らかに晩婚化が進展してきています。今回のアンケート調査の結果からも、従来は20歳代のライフイベントでもあった「結婚」と「子供」が、現在にあっては

図表 16-1　住宅購入の最も大きな動機

(%)

	回答者数	自分の住宅を「保有する」ことが夢だったから	結婚した／する予定だから	子供が生まれた（増えた）／予定だから	自分の思い通りの家に住みたかったから	賃貸の家賃を払うなら、自分のものになったほうがいいから	その他	当てはまるものはない
TOTAL	3,610	②12.7	8.6	8.3	③9.2	①20.6	29.4	11.2
20歳代	130	①22.5	③10.2	6.3	6.7	②20.5	24.2	9.6
30歳代	554	11.0	③11.1	②15.9	6.1	①25.2	21.2	9.5
40歳代	958	②13.2	③11.8	9.9	7.3	①21.7	26.1	10.0
50歳代	1,139	②12.1	6.3	5.1	③9.8	①20.7	32.3	13.7
60歳代	829	③12.4	6.3	5.8	②13.2	①15.9	35.8	10.6

※「その他」は以下の選択肢への回答を合算：「親と同居するから」「住環境」「勤務先への通勤」「社会的な信用獲得」「賃貸住宅より品質がよい」「傷や汚れを気にしなくてよい」「周囲から資金援助がもらえる」「自宅の値上りを期待」「収入がなくなっても住む場所に困らない」

（出所）三井住友トラスト・資産のミライ研究所「住まいと資産形成」に関するアンケート調査（2020年）

30歳代のライフイベントに後ろ倒しになった結果、30歳代の主要ライフイベントが「結婚」「子供」「住宅取得」と増えたことで『30歳代＝ライフイベントのラッシュアワー』となってきているようです。

　こういった30歳代に支出系ライフイベントが集結している現状を踏まえて20歳代と30歳代の「マネープラン」を考えてみますと、「30歳代は使う時代、20歳代は30歳代のイベント出費に備えて『貯める』『増やす』の２つの金融リテラシーを向上させ実践する時代」といえそうです。

◉ 20歳代の「マネープラン」と使いたい金融サービス

　20歳代は一般的には年収は高くなく、支出は社会人としてある程度の水準を見込んでおかねばならない時期でもあることから、収支フローの余裕が大きくない時期といえます。ややもすると「わが家の月給は当月の支出にすべて充当」ということにもなりかねないのですが、20歳代ではぜひ「貯める」習慣を身に付けておきたいところです。人生100年時代において将来に向けたライフイベントの選択肢は多くあったほうがよいと思われますが「蓄えがないのでこの選択はできない」という事態は避けたいものです。また、20歳代の最大の強みは「時間を味方につけられる」ことですので、20歳代には「貯める」経験だけでなく、少額でもいいので「増やす（投資）」経験を積むのにも適しています。

　叶えたいライフイベントがある方はそれに向けて、また、今のところ特にないという方も、今後のライフイベントに備えて『定時積立＆積立投資』に取り組むとよいでしょう。

　具体的な実践方法ですが、

① 気楽にやってみる「先取り貯蓄」

　先取り貯蓄とはお勤め先の企業や団体等から給与支給を受ける際に、あらかじめ積み立てする分を「先取り（控除）」して貯蓄や運用に自動的に回すようにしておくサービスをいいます。

　勤務先に「財形貯蓄（財形）制度」が備わっている方はその利用をお勧め

します。財形は勤務先が所属員の資産形成のために設けている制度で毎月の積み立てたい金額を登録しておけば、勤務先が支給時に給与から指定の積立額を控除し財形へ積み立てまで行うとても「楽」な制度です。

② 気楽にやってみる「少額積立投資」

現在、ほとんどの証券口座は銀行口座と連携できるようになっています。給与振込口座の銀行口座と証券口座を紐づけておくと、あらかじめ指定した金額を銀行口座から引き落とし、その資金で指定された投資信託を定期的に購入する、いわゆる「投資信託の自動購入サービス」が利用できるようになっています。1万円未満の金額でも利用できる金融機関がたくさんありますので家計の余裕のなかでトライしてみることをお勧めします。

③ 気楽にやってみる「収入と支出の見える化」

単身生活者は、月収は給与明細で認識しているものの、月の支出は「給与振込口座の残高で管理」というケースが多いようです。これは「残高がゼロになったら支出を抑制」という行動につながりやすく、収入があるだけ消費する、ということになりがちです。こういった場合、自分で月の収支を管理するのではなく無料のアプリを活用して「収支の見える化」に取り組んでみるのがスマートです。現在（2020年）『マネーフォワード』や『マネーツリー』など無料で利用できる便利なアプリがたくさん出ていますので、一度、利用してみることをお勧めします。

キーワードは『気楽に（KIRAKUNI）』そして『気付かない（KIZUKAINAI）うちに』後は『気にしない（KINISHINAI）で放っておく』の『3K』です。

上記①先取り貯蓄や②少額積立投資については、「手続きしたら、忘れてしまう」「1年経ったら効果を確認（残高確認など）」「期待通りであればご褒美消費（貯めた2割は好きなことに使う、など）」といった自分ルールを設けておくのが長続きのコツのようです。

◉ 30歳代の「マネープラン」と使いたい金融サービス

30歳代の主なライフイベントとして「結婚」「子供」「住宅取得」が想定

されますが、住宅取得は人生三大資金のうちの１つであり、金額的にも大きな支出になります。ここ10年の首都圏の新築戸建・新築マンションの平均価格は4,000万～5,000万円代で高止まりしていますが、今回の「住まいと資産形成」に関するアンケート調査で「購入した住宅の新築・中古状況」を尋ねたところ、新築購入派が８割を占め、日本人の「新築好き」は健在であることが確認されました。

◉ 30歳代の住宅ローンは「頭金なし、期間最長」

　一方、住宅ローン基準金利はここ10年、ゼロ金利政策の影響で変動金利で年2.475％水準が続いており、足元の住宅金融支援機構調査でも新規借入の変動金利比率は６割と過去最高水準で推移しています。こういう環境にあって、30歳代の住宅ローンの状況については、ライフイベントに背中を押されて新築の高額物件を取得するが、頭金の準備がない（「頭金無し」と「１割を準備」とで約５割）のでローンの返済期間は目一杯長く設定（35年以上が約４割）している状況です（前掲　資産のミライ研究所アンケート調査結果より）。

　ローン金利が歴史的な低水準であること、また、頭金がなくともローン設定できる金融機関が多くなってきたことを受け、30歳代の住宅ローン借入額は総務省の家計調査でも過去最高という状況ですが、一方で、現在はきわめて低位で安定している市場金利が上昇局面に転じると、変動金利ローンでは月々の返済額が大きくなっていき、将来的に現在の30歳代ローンあり世帯の消費が慎重（消費性向が落ちる）になる可能が指摘されています。金利の上昇局面では、金利が上がり切る前に比較的低い金利状況で固定性の住宅ローンに切り替える「住宅ローンの借換え」が返済額の膨張を回避する策として利用されるケースが多いようです。30歳代の住宅ローン保有者は、現在の「住宅ローン返済」についてのリスク（金利の上昇など）によく注意して、いざとなった時に「借換え策」などを発動できるよう、少しだけ「住宅ローン非保有者」よりも金融リテラシーを高めておく努力が求められる世代と思われます。

Q16 20歳から30歳代の「マネープラン」とは？
このとき使いたい金融サービスにはどのようなものがありますか？

◉「マネープラン」の検討は「一緒に」

　また、「家計としてのマネープラン」をパートナーと一緒に考えておくのも大切です。2015年時点の総務省国勢調査によると全世帯に占める共働き世帯数は35.2％と、片働き世帯の比率17.7％の２倍近くになってきています。

　人生100年時代においては、現役世代の企業や団体での働き方と収入の関係は、従来の「年功的な右肩上り」モデルから「同一労働同一賃金体系」をより色濃くしていくと思われ、徐々に「将来の年収上昇」は既定のものではなくなっていくと思われます。女性が結婚を機に家庭に入るケースと、継続してフルタイム勤務するケースとで生涯所得が約２億円違ってくるという報告もあります。

　将来生じてくる子供の教育費用、住替え費用、老後生活資金などに対して、家計規模で億円単位のフロー収入があるのとないのとでは、今後の人生設計の選択肢を考えるうえで大きな違いが出てくる可能性があります。共働き、片働きの双方に良いこと、留意すべきことはあると思われますが、「家計の単位・規模」が変化する「結婚」というタイミングで、将来に向けたコミュニケーションをとることはとても有意義だと思われます。

現在40歳代の人たちが生まれたのは1970年代です。2度の石油ショックに見舞われはしたものの、高度成長期（1954〜1973年）の余韻が残り、基本的に右肩上りの経済環境のなかで子供時代を過ごしました。

A 17

● 就職氷河期世代

その後、高校生〜大学生の頃にバブル経済とその崩壊を経験、企業が新卒採用を絞るなかでの就職を余儀なくされ、「就職氷河期世代」「ロスジェネ（ロストジェネレーション）」と呼ばれるようになりました。社会人になってからも長期にわたり景気停滞が続いたため、「とりあえず」のつもりだった非正規雇用から抜け出せずに現在に至り、経済的に独立できず親元暮らしを続ける人も少なくありません。

● 巣づくりは早めに開始

住宅取得については年上世代と比べると若干早く始めたようです。この世代の2人以上世帯の平均負債残高は、30歳代時点で870万円、40歳代時点では980万円で、10歳年上の世代（残高は30歳代で560万円、40歳代で960万円）と比べ30歳代からローン借入を行う人が多かったと推測されます。住宅価格もローン金利も低く、住宅取得等資金贈与に関する特例も手厚かったなど、恵まれた取得環境を背景に、比較的若いうちから住宅取得に着手した人が多かったことは、この世代の特徴の1つといえるでしょう。

40歳代となった現在は、この住宅ローンの返済に加え、中学生〜高校生の子供を持つ親として教育費がかさむ時期を迎えており、資産形成の元手を捻出するのに苦労しているところかもしれません。

●「資産形成」にいくつもの壁

そうした事情もあってか、この世代の資産形成はあまり順調に進んでいるとはいえません。足元の平均貯蓄残高は930万円であり、今後も同じペースで積増しを続けた場合、60歳代時点の予想残高は1,481万円と、Q4で算出

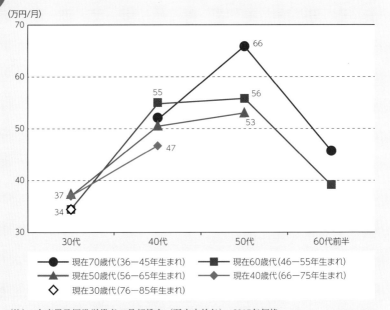

図表
17-1 世代別にみた賃金変化

（万円/月）

凡例：
- ● 現在70歳代（36－45年生まれ）
- ■ 現在60歳代（46－55年生まれ）
- ▲ 現在50歳代（56－65年生まれ）
- ◆ 現在40歳代（66－75年生まれ）
- ◇ 現在30歳代（76－85年生まれ）

（注）　大卒男子標準労働者の月額賃金（所定内給与）、2015年価格。
（出所）　厚生労働省「賃金構造基本統計調査」、総務省「消費者物価指数」、「労働力調査」
　　　　より三井住友信託銀行調査部作成

した老後資金の目安額である2,000万円（P12参照）には届かない可能性が高いのです（Q18 図表18－2）。その基本的な理由として考えられるのは以下の3点です。

　第一に、この世代の賃金は親世代を含めた年上世代と比べるとかなり伸び悩んでいます（図表17－1）。90年代末の大手金融機関の破綻や2008年のリーマンショックをはさみながら低成長時代が続き、企業はコスト削減・リストラを敢行、この影響を真っ向から受けたかたちです。

　第二に、税金や保険料などの社会保障負担が大きく増加しています。給料

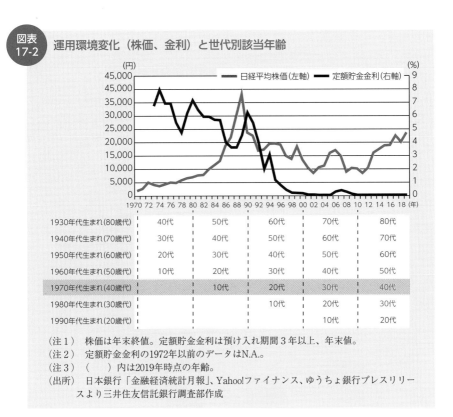

図表
17-2

運用環境変化（株価、金利）と世代別該当年齢

		日経平均株価(左軸)		定額貯金金利(右軸)	
1930年代生まれ(80歳代)	40代	50代	60代	70代	80代
1940年代生まれ(70歳代)	30代	40代	50代	60代	70代
1950年代生まれ(60歳代)	20代	30代	40代	50代	60代
1960年代生まれ(50歳代)	10代	20代	30代	40代	50代
1970年代生まれ(40歳代)		10代	20代	30代	40代
1980年代生まれ(30歳代)			10代	20代	30代
1990年代生まれ(20歳代)				10代	20代

（注1）　株価は年末終値。定額貯金金利は預け入れ期間3年以上、年末値。
（注2）　定額貯金金利の1972年以前のデータはN.A.。
（注3）　（　　）内は2019年時点の年齢。
（出所）　日本銀行「金融経済統計月報」、Yahoo!ファイナンス、ゆうちょ銀行プレスリリースより三井住友信託銀行調査部作成

がさほど上がらないのにとられるものは増えているわけです。

　そして第三に、親世代が資産形成をしていた頃と違って運用環境が芳しくありません。彼らが社会人になって以来、金利はゼロ近辺、株価も長らく2万円以下と低迷が続いていたため（図表17－2）、給料が伸び悩みローン返済や教育費などの支出がかさむなかで何とか貯蓄や投資に回すお金をひねり出したとしても、その元手は思うようには増加してくれません。

　さらに、退職金や親からの遺産が資産形成を後押しする力も弱まっており、資産形成の「最後の切り札」とはなりそうにありません。退職金給付制

度がない企業が増加しており足元では2割を超えていますし、制度がある企業においても給付額は2003年2,499万円→2018年1,788万円と15年間で700万円も減少しています（図表17-3）。親から受け取る遺産についても、親世代が保有する資産額が1994年9,260万円→2014年4,759万円と20年間で半額近くまで減っているうえ、2015年の相続税制改正では、多くの場合、増税となっているため、手取りの遺産額はさらに少なくなります。

◉ 楽観できない老後だが明るい材料も

今後に目を転じると、団塊ジュニア世代（1971〜74年生まれ）を内包するこの世代は人数が多いため、公的年金や健康保険など社会保障制度を変更す

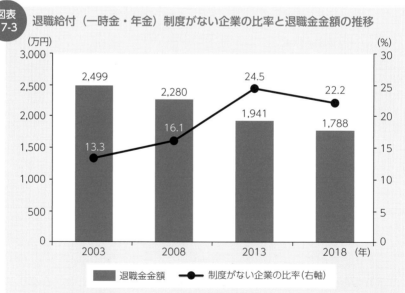

図表 17-3 退職給付（一時金・年金）制度がない企業の比率と退職金金額の推移

（注1）　大卒で勤続20年以上かつ年齢45歳以上の定年退職者の受取額。
（注2）　退職一時金制度のみの場合は退職一時金額、退職年金制度のみの場合は年金現価額、退職一時金制度と退職年金制度併用の場合は、退職一時金額と年金現価額の合計。
（出所）　厚生労働省「就労条件総合調査」より三井住友信託銀行調査部作成

る節目の対象となりやすく、将来的な給付減や負担増は不可避という声も少なくありません。必要な老後資金が2,000万円より大きくなることも十分考えられます。

　現在40歳代の世代の老後資金準備が厳しい状況にあることは否めません。ただ、明るい材料も出始めています。NISA（少額投資非課税制度）や確定拠出年金（DC）は期間延長や加入要件緩和などの制度変更が実施されましたし、「働き方改革」の一環として、高齢者の就業拡大に向けた法改正や副業・兼業を後押しする体制整備も進みつつあります。資産形成の王道である積立貯蓄・投資に加え、副業や就業継続による労働収入の引上げ、住宅などの実物資産のキャッシュ化も含め、トータルな老後資金づくりが可能になってきています。

Q18 現在50歳代の人たちの特徴を 歩んできた時代背景とともに教えてください

A18

　現在50歳代の人はおおむね1960年代に生まれた世代です。日々豊かになっていくことが当たり前の高度成長期（1954～1973年）に育ったこともあって、戦中・戦後のモノ不足を経験した世代とは感覚にギャップがあり、若い頃には「新人類」などと呼ばれました。

　この世代の特徴は、3つの点で「最後の世代」であるということです。

●「社会人として」バブル景気を経験した最後の世代

　現在50歳代の人たちの中核は、バブル景気に沸く1990年前後に社会人となった「バブル世代」です。入社後しばらくは、「24時間戦えますか？」のCMでおなじみの栄養ドリンクを飲みつつ長時間労働にいそしみ、勤務時間外にも接待ゴルフや接待麻雀で縛られるのが当たり前という日々でしたが、その代わり所得面ではバブルの恩恵を存分に受けました。図表18-1をみると、初任給が10年間で5万円以上上がった時代に就職し、その後も数年間給与が上がり続けたことがわかります。

　新車やブランド品をためらわずに買い、休暇のたびに海外旅行に出かけ、1年前からクリスマスの高額ディナーを予約するなど、とにかく積極的でパワフルなこの世代の消費行動は、こうした恵まれた雇用所得環境のもとで生まれたといえるでしょう。

●「寿退社」が珍しくなかった最後の世代

　この世代は、1986年の男女雇用機会均等法施行後に就職した最初の世代ですが、男性と同じように働き続ける女性はまだ少数派だったようです。この世代が20歳代の頃の女性有業者比率は62.9％でしたが30歳代になると58.1％へと低下、とりわけ正規職員比率は47.3％から27.2％へと大きく低下しました。平均初婚年齢が25歳台、第1子出産年齢が26～27歳であった時代であり、結婚・出産のタイミングで退職する（少なくとも正社員は辞める）という、今となっては死語の「寿退社」が少なくなかったと考えられます。

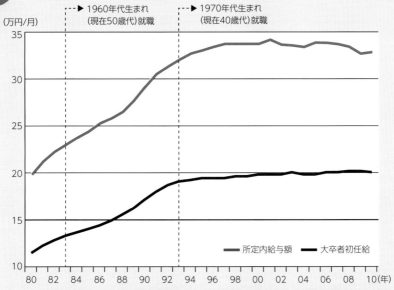

図表18-1　平均給与と初任給の推移

(万円/月)

▶ 1960年代生まれ
（現在50歳代）就職

▶ 1970年代生まれ
（現在40歳代）就職

凡例：━━ 所定内給与額　━━ 大卒者初任給

80　82　84　86　88　90　92　94　96　98　00　02　04　06　08　10(年)

（注）　10人以上の常用労働者を雇用する民営事業所の男性所定内給与。初任給については新規
　　　　大学卒。
（出所）　厚生労働省「賃金構造基本統計調査」より三井住友信託銀行調査部作成

◉ 老後資金2,000万円を確保できそうな最後の世代

　この世代の20歳代時点の平均貯蓄残高は241万円と、10歳下、20歳下の世代より150万円前後低くなっています。若い頃から旺盛な消費意欲を発揮した裏返しで、資産形成に関しては若干出遅れたようです。

　しかし、その後の貯蓄の積増しはまずまず順調だったといえます（図表18－2）。理由としては、40歳代まで賃金が大きく伸びていたこと（Q17 図表17－1）、また20〜30歳代のうちから資産形成を始めていた場合には、株高や高金利の恩恵を得られたことなどが考えられます（Q17 図表17－2）。バブル崩壊や大手金融機関の破綻、リーマンショックなどを経て30歳代以降

Q18　77

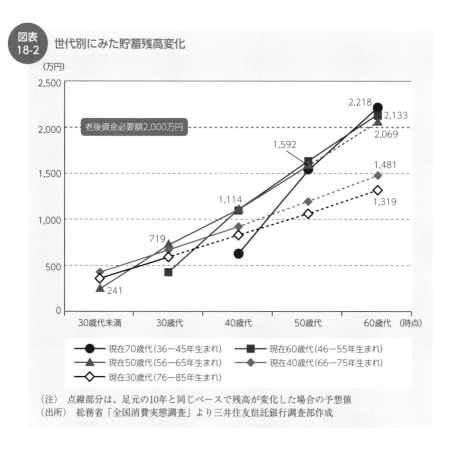

Q18 現在50歳代の人たちの特徴を
歩んできた時代背景とともに教えてください

図表 18-2 世代別にみた貯蓄残高変化

（万円）

老後資金必要額2,000万円

2,218
2,133
2,069
1,592
1,481
1,319
1,114
719
241

| 30歳代未満 | 30歳代 | 40歳代 | 50歳代 | 60歳代 | （時点）|

- ● 現在70歳代（36－45年生まれ）　■ 現在60歳代（46－55年生まれ）
- ▲ 現在50歳代（56－65年生まれ）　◆ 現在40歳代（66－75年生まれ）
- ◇ 現在30歳代（76－85年生まれ）

（注）　点線部分は、足元の10年と同じペースで残高が変化した場合の予想値
（出所）　総務省「全国消費実態調査」より三井住友信託銀行調査部作成

にはこの世代の雇用所得環境にも陰りが出始めましたが、正規雇用者比率が
高いこともあって、平均値でみると下の世代ほど深刻な事態には陥らなかっ
たといえます。

　足元50歳代時点の貯蓄残高は1,592万円であり、今後も同じペースで積増
しを続けた場合、60歳代時点の予想残高は2,069万円となる見込みです。10
歳下、20歳下の世代の60歳代時点の予想残高は1,500万円を下回っているこ
とから、現在50歳代の人たちは、Q4で算出した老後資金目安額である2,000
万円（P12参照）を確保できる最後の世代となる可能性があります。

40歳から50歳代の「マネープラン」とは？このとき使いたい金融サービスにはどのようなものがありますか？

◉ 40歳代・50歳代はお金がいちばんかかる時期

20歳から50歳代における家計の収支を総務省の統計値（平均）で確認してみますと（図表19-1）、40歳代・50歳代は実収入が増える世代ですが、実支出（住宅ローン返済含まず）も膨らむ年代になっています。

特に実支出（月額）面では30歳代と40歳代との増加額（＋10.9万円）は、20歳台→30歳代の増加額（＋6.7万円）や40歳代→50歳代の増加額（＋6.3万円）と比べても大きな変化となっています。

ライフイベントの観点からみると、「（30歳代で購入した）住宅のローン返済」「（子供あり世帯は）学齢が中学・高校に到達し学費のみならず塾・その他費用がかさんでくる」「（家族の増加などで）車の購入・買替えや各種保険（生保・損保）での備えも必要」など、世帯の家計が大きくなっていくとともに支出も膨らむ傾向が出てきます。

一方で、厚生労働省の研究機関である国立社会保障・人口問題研究所が、国勢調査の結果に基づく時系列の生涯未婚率を「50歳時未婚率（50歳まで一度も結婚したことのない人の割合のこと）」という名称で公表していますが、

図表 19-1 世代別でみた実支出と実収入

	20歳代	30歳代	40歳代	50歳代
実支出 （月額）	28.5万円	35.2万円	46.1万円	52.4万円
実収入 （月額）	45.8万円	53.1万円	64.9万円	69.5万円

（注）　二人以上の勤労者世帯のうち住宅ローン返済世帯
　　　　実支出：消費支出と非消費支出の合計
　　　　実収入：いわゆる税込収入で世帯員全員の現金収入の合計
（出所）　総務省統計局「家計調査報告（家計収支編）平成29年」より三井住友トラスト・資産のミライ研究所作成

Q19 40歳から50歳代の「マネープラン」とは？
このとき使いたい金融サービスにはどのようなものがありますか？

2019年時点での最新データ（国勢調査は5年に1度の実施であり、本データは2015年実施の国勢調査による）では、男性が23.4％、女性が14.1％となっています。国勢調査の有配偶率（結婚して配偶者がいる割合）をみると、50歳代前半の男性が約72％、女性が約75％であり、男女とも4人に1人以上が未婚の状況です。単身者の方のライフイベントは、上述のライフイベントとは内容が異なってくると思われます。

◉ ライフスタイルにあわせた「マネープラン」を考えてみる

こういった環境認識から、ライフスタイル（世帯の構成）と「マネープラン」は密接に関係していると思われます。そこで、世帯を「シングル世帯」「ダブル（パートナーあり）世帯」に分け、ダブル世帯はさらに「子供あり・なし」で分けて、全体として3つに類型化して考えてみます。

具体的に上記のライフスタイル類型を縦軸に置いて、横軸には40歳～50歳代の主なライフイベント（住居費用、教育費用、老後資金準備、親世帯のサポート）を置いて、ライフスタイル別の関心事の強弱や必要性をプロットしてみたのが図表19－2です。

図表19-2 40歳～50歳代のライフスタイル別の関心事

		住居費用 （購入/ ローン支払/ 賃借料）	教育費用 （学費・塾代など）	老後資金 準備 （自分の世帯）	親世帯の サポート （住居、健康など）
ダブル 世帯	子供あり	○	◎	△	□
	子供なし	△	－	○	□
シングル世帯		□	－	◎	○

（注）　関心の高さなどを大きい順に◎＞○＞△＞□で表示
（出所）　三井住友トラスト・資産のミライ研究所作成

① ダブル世帯（子供あり）

　この世帯類型は、出産・子育てを起因として購入した住居のローンを月々支払いながら、ローンがきかない教育関連費用を家計のなかで捻出している世帯も多くあると思われますので、関心事は住宅（ローン）・子供の教育費用の２つが優先すると思われます。そのなかで、自分の世帯の老後資金の準備をどの程度自助努力で行っていくのか、また、親世帯の健康状況や安全・安心に暮らしてもらうための住まいの状況にも目配りが必要な時期ともいえます。子供と住居を中心に据えながら、ライフイベント全体にも目配りし捌いていくことが求められる世帯と思われます。

② ダブル世帯（子供なし）

　この世帯類型は、上述の「子供あり世帯類型」とは「住居」「子供の教育」へのウェイト感が異なります。家族のなかでの世代間扶助を多くは期待することができませんので、自分の世帯で今後のライフイベントにできるだけ対応できるようにプラニングしていく必要があります。老後資金準備に関して老後生活にどの程度のゆとりを求めるのか、今後のシニア期においても現在の住居に住み続けるのか、安心・安全のためにリフォームするのか、住替えも検討するのか、などを視野に入れて準備していくことも大事になってくると思われます。「パートナーとの生活」を中心に置いて考えることができますので、リタイア後の住み場所の選択肢として「地方移住（Uターン、Jターン、Iターンを含む）」なども含めることが可能です。また、親世帯のサポートは下の世代に担ってもらうわけにはいきませんので、より主体的な目配りが求められると思われます。

③ シングル世帯

　この世帯類型は、今後のライフイベントに対しての設計面・計画面での自由度が他の世帯類型よりも大きいことが特徴です。目配りするライフイベント項目は、「老後資金準備」「親世帯のサポート」を中心に自己完結できるようにプラニングしていく必要があります。今後の働き方も、リカレント教育をベースとして転職、兼職なども視野に入れた選択が可能ですし、非営利組

織への貢献（プロボノなど）などにも積極的に取り組むことができそうです。リタイア後の住み場所の選択肢として、地方移住（Uターン、Jターン、Iターンを含む）なども実現可能性が高いと思われます。また、これまでに「実現させたいと思っていたが、取り組めていなかったこと、やってみたいこと」といった「自分だけのイベント」にも取り組むことができそうです。しかし、親世帯のサポート、自身の老後生活費用については自己完結性が求められますので、①大きなライフイベントへの取組方針を決めておく、②そのうえで「自分だけのイベント」実現に積極的に取り組む、という順番で計画することがポイントになると思われます。

◉ 使いたい金融サービスを考えてみる

使いたい金融サービスを考えてみる前に、この世代で一度取り組んでおくとよいアクションとして「家計の棚卸し」があげられます。これは、企業の決算と同じように「家計の仮決算」をやってみる、というイメージです。年末や年始など、少し時間に余裕のあるタイミングで家計の「年間収支の突き合わせ表」と「財産棚卸表」を（時間をかけないでよいので）作成してみると発見が多いと思われます。企業などにお勤めの方は、「家計でのP/L（損益計算書）とB/S（貸借対照表）を作成するもの」と想像していただければと思います（図表19－3）。

各家計における余裕度（もしくは逼迫度）の見える化から、マネープランはスタートします。

次に、上述のライフスタイル別の3つの世帯類型のマネープランを眺めたときに、共通する主要ライフイベントは「老後資金準備」と「親世帯のサポート」の2つです。この2つに対応する金融サービスについてですが、キーワードは「資産形成」と「資産管理」です。

老後資金を準備していくための「資産形成」の器としては、税の優遇措置を活用した「確定拠出年金（DC）」での準備がお勧めです。確定拠出年金には、所属している企業・団体が実施主体となっている「企業型」と個人が主

体の「個人型」の２つがありますが、いずれも国の制度管理のもと「税優遇が手厚い」ことが特徴です。制度への拠出金は所得控除となり、運用益は非課税、老後に受け取る年金も税金が優遇されることから老後資産の準備に非

図表 19-3 家計でのP/L、B/Sイメージ

P/L（家計の収支バランス：年間）

<table>
<tr><th colspan="3">項目</th><th>年額</th></tr>
<tr><td rowspan="3">収入</td><td colspan="2">あなたの可処分所得(手取り収入)
※可処分所得＝収入－(所得税・住民税＋社会保険料)</td><td>万円 …①</td></tr>
<tr><td colspan="2">ご家族(奥様など)の給与や家賃収入など、給与以外の収入</td><td>万円 …②</td></tr>
<tr><td colspan="2">収入合計(A)＝①＋②</td><td>万円</td></tr>
<tr><td rowspan="7">支出</td><td>日常生活費</td><td>水道光熱費・食費・通信費・雑費　など</td><td></td></tr>
<tr><td>教育費用</td><td>学費・給食代・修学旅行費・塾・習い事費用　など</td><td></td></tr>
<tr><td>住宅費用</td><td>住宅ローン・維持費・家賃　など</td><td></td></tr>
<tr><td>イベント費用</td><td>旅行・祝い事　など</td><td></td></tr>
<tr><td>保険料</td><td>生命保険・損害保険</td><td></td></tr>
<tr><td>非消費支出</td><td>税金　など</td><td></td></tr>
<tr><td>その他</td><td>上記以外の支出　(医療費・交際費など)</td><td></td></tr>
<tr><td colspan="3">支出合計(B)</td><td>万円</td></tr>
<tr><td colspan="3">1年間の収支(A－B)</td><td>万円</td></tr>
</table>

B/S（家計の資産・負債バランス）

<table>
<tr><th colspan="2">資産</th><th colspan="2">負債</th></tr>
<tr><td>現金・普通預金</td><td></td><td>住宅ローン：借入残高(元金)</td><td></td></tr>
<tr><td>定期預金</td><td></td><td>：借入残期間</td><td>年　　カ月</td></tr>
<tr><td>財形貯蓄</td><td></td><td>：現在の利率</td><td>年　　％</td></tr>
<tr><td>投資信託</td><td></td><td>教育ローン</td><td></td></tr>
<tr><td>株式</td><td></td><td>自動車ローン</td><td></td></tr>
<tr><td>持株会</td><td></td><td>カードローン</td><td></td></tr>
<tr><td>国債などの債券</td><td></td><td>奨学金</td><td></td></tr>
<tr><td>不動産</td><td></td><td>その他</td><td></td></tr>
<tr><td>貯蓄型の保険</td><td></td><td></td><td></td></tr>
<tr><td>その他(車など)</td><td></td><td></td><td></td></tr>
<tr><td>合計(A)</td><td>万円</td><td>合計(B)</td><td>万円</td></tr>
<tr><td colspan="2">純資産(A－B)</td><td></td><td>万円</td></tr>
</table>

（出所）　三井住友トラスト・資産のミライ研究所作成

常に有利な制度です。現在の所属企業・団体に企業型DCがある場合は「企業型DC」を、勤務先に企業型DCがない場合は「iDeCo（個人型確定拠出年金）」を、給与天引きスタイルで手間をかけずに利用できます。

　自身の老後資金や親世帯の老後資金を「自分1人で保全・管理していくのは不安だ」という心配には、信託銀行などが「老後の資産管理のためのサポートサービス」を提供しています。

　最近、特に増えてきているのが長寿化に伴い「将来、認知症が発症したらお金の管理はどうしたらいいのか」「健康面で不安があるがお金の保全はどうしたらいいのか」という悩みですが、これに対応する各種金融サービスが充実してきていますので、少し時間があるうちに「資産の保全や管理をどんなかたちで（どれくらいの費用）で任せることができるか」を検討いただくことが大切なことと思われます。

Q20 ライフイベントにあわせた保険の活用について どのようなことに留意すればよいですか?

三井住友トラスト・資産のミライ研究所では、同じ三井住友トラストグループの保険会社である三井住友トラスト・ライフパートナーズ株式会社と情報交換や意見交流を図り、『資産形成と保険』というテーマでコラボレーションセミナーを開催しています。こういった交流のなかで、『ライフイベントにあわせた保険のスマートな活用法』について、次のような示唆を得ています。

◉「保険」で備えることの意味は?

ライフイベントにあわせた保険の活用を考える前提として、まず、「保険」で備えることの意味を考えてみます。

「備える」という意味では「貯蓄」にも「保険」にも「準備する」という意味合いがあるように思いますが、その違いはどこにあるのでしょうか。大きく分けてみると、将来の予測しやすい事態には「貯蓄」や「積立型の投資」で、予測しにくい事態には「保険」で備えるのが事態の特性にあった活用方法といわれています。よく「貯蓄は三角、保険は四角」と呼ばれます（図表20−1）。「貯蓄」は徐々に積み上げていく必要がありますが、「保険」はすぐに大きな保障が立ち上がりますので、特徴と活用イメージを端的に表している言葉だといえます。

◉「保険」で備えるべきものと「貯蓄・積立投資」で備えるべきものとは?

昨今は保険の種類も多様化してきていますので、各種保険が対象とする「個人の生活で起こりうるリスク」も広がってきています。しかし、「対象にできる」ことと「上手に活用する」とは同じではありません。たとえば、起こりうるすべてのリスクに保険で備えを講じようと思えばできるかもしれませんが、その際の「保険料」などの費用面を考えると現実的ではないと思われます。

保険で「カバーしたいリスク」と「そのリスクに相応しい商品」をイメー

Q20 ライフイベントにあわせた保険の活用について
どのようなことに留意すればよいですか？

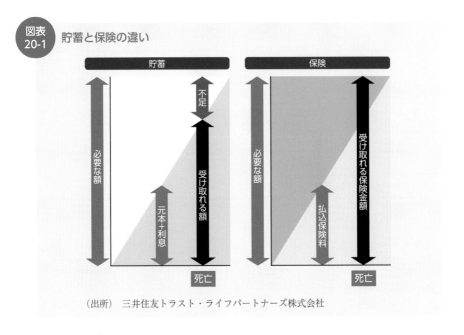

図表
20-1　貯蓄と保険の違い

（出所）　三井住友トラスト・ライフパートナーズ株式会社

ジしていただくことが、ライフイベントにあった保険商品・サービスと出会
う近道といえます。

　では、「保険でカバーすべきリスク」とはどんなリスクでしょうか。

　図表20－2で、横軸に発生確率を、縦軸に経済的負担の大きさをとって、
ライフイベントとして生じてくるリスクの種類をプロットしてみました。こ
うしてみると、「発生確率は低いけれど発生した際の経済的負担が大きくな
るものほど、しっかりと保険で備える必要がある」といえます。このイメー
ジを念頭に、個人の主なライフイベントにおけるカバーすべきリスクについ
て、図表20－3にまとめてみました（Q5 図表5－1再掲）。

　「発生が予測できない」カテゴリーのなかで、経済的な負担や必要な費用
が高額になるイベントが「保険」の特性が活かせるイベントだといえます。
「世帯主が急に死亡した場合」や「世帯主が（怪我や病気で）仕事が続けられ

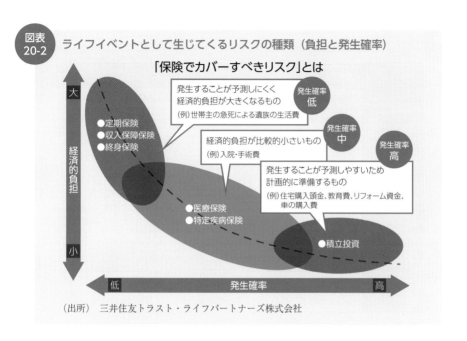

図表
20-2

ライフイベントとして生じてくるリスクの種類（負担と発生確率）

「保険でカバーすべきリスク」とは

大

経済的負担

小

発生することが予測しにくく
経済的負担が大きくなるもの
(例)世帯主の急死による遺族の生活費

発生確率
低

発生確率
中

発生確率
高

●定期保険
●収入保障保険
●終身保険

経済的負担が比較的小さいもの
(例)入院・手術費

発生することが予測しやすいため
計画的に準備するもの
(例)住宅購入頭金、教育費、リフォーム資金、
車の購入費

●医療保険
●特定疾病保険

●積立投資

低　　　　　発生確率　　　　　高

（出所）三井住友トラスト・ライフパートナーズ株式会社

なくなった場合」「火災や風水害、交通事故が発生した場合」などが典型的
ですが、こういったケースに備えて「定期保険」「収入保障保険」「終身保
険」「医療保険」「特定疾病保険」「火災保険・自動車保険」などを上手に活
用していくことが、スマートな保険の活用術といえます。保険を活用するイ
ベントがイメージできたところで、必要な保障額はいくらか、その保険料コ
ストは適切か、カバーするリスクに対しての保険の重複はないか、などを検
討するとよいでしょう。

　保険の検討や見直しの検討は、各世帯における「守る人」「守るもの」が
変化した時（結婚する、子供が生まれた、家を購入した、車を購入した、など）
がチェックいただくのに良いタイミングです。世帯構成の変化に応じて（た
とえば、子供の独立に伴い夫婦2人の生活スタイルに移行など）、保険も組み替
えや保障額の減額なども検討してみるとよいでしょう。

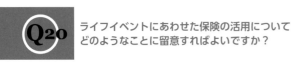

Q20 ライフイベントにあわせた保険の活用について
どのようなことに留意すればよいですか？

図表 20-3 主なライフイベントとカバーすべきリスクの関係

予測の可否	ライフイベント例	必要な費用（概算）	
予測できる	老後生活費用	60歳以降の生活資金支出総額　約1億3,000万円	
	住宅購入費用	首都圏で土地付注文住宅購入　　　約4,800万円	
		うち　頭金（物件の2割と設定）　　約960万円	
		うち　住宅ローン借入額　　　約3,840万円	
	教育関連費用	幼稚園〜大学まで国公立　　　　　約1,300万円	
	車購入費用	普通乗用車　　　　　　　　　　　　約314万円	
	結婚費用	婚約・結婚・新婚旅行まで　　　　　約470万円	
予測できない	（世帯主の）死亡（世帯主の）就労不能	遺族の今後の生活費（死亡保険金の支払平均額）　　　約2,000万円	
	家屋火災の修繕費用	立替費用（都内木造戸建100㎡）　約2,000万円	
	自動車事故の賠償額	被害者への賠償　　　約4億円の事例もあり	

（出所）　老後生活費用：厚生労働省「平成30年簡易生命表」、（公財）生命保険文化センター「平成28年度生活保障に関する調査」夫60歳、妻55歳時点の平均余命にて三井住友信託銀行が試算。なお妻1人期間の生活費は2人期間の生活費×70%にて計算。

　　住宅購入費用：住宅金融支援機構「2018年度フラット35利用者調査」をもとに三井住友信託銀行が作成。土地付注文住宅の購入費用は、建設費と土地取得費を合わせた金額。

　　教育関連費用：文部科学省「平成28年度子供の学習費調査」「平成29年度私立大学等入学者に係る初年度学生納付金平均額（定員1人当たり）の調査結果について」「国公私立大学の授業料等の推移」、日本政策金融公庫「教育費負担の実態調査結果」（平成30年度）、（独）日本学生支援機構「平成28年度学生生活調査結果」をもとに三井住友信託銀行が試算。

　　車購入費用：総務省統計局／小売物価統計調査（2019年）より「普通乗用車、国産品、道路運送車両法で規定される普通自動車」の本体価格データより三井住友トラスト・資産のミライ研究所が試算。

　　結婚費用：（株）リクルートマーケティングパートナーズ「ゼクシィ結婚トレンド調査2018調べ」

　　死亡保険金支払額：（公財）生命保険文化センター「平成30年度 生命保険に関する全国実態調査」世帯主の年齢別（30歳〜54歳）の世帯主の普通死亡保険金額データから平均値を三井住友トラスト・資産のミライ研究所が試算。

　　家屋火災の修繕費用：三井住友海上2019年10月版保険価額評価ハンドブックの新築費単価表「東京都K・H構造」から三井住友信託銀行が試算。

　　自動車事故の賠償額：三井住友海上GKクルマの保険パンフレットより2005年5月17日名古屋地裁判決事例（バイクと衝突し被害者が後遺障害を負ったケース）

Column No.3

🖵 住まいにまつわる古くて新しい問題❶
〜「家を買うべきか、借りるべきか、それが問題だ」〜

家を買う理由は人それぞれ

　住まいに関する悩みで、昔からあるもののなかなか結論が出ない『命題』として、「家は持家、賃貸、どちらが得か」があります。

　2020年1月に三井住友トラスト・資産のミライ研究所では全国の20〜64歳の男女1万人を対象に「住まいと資産形成」に関するアンケート調査を実施しました。自分で現住居を購入した3,610名に「住宅を購入した時点での最大の購入動機」を尋ねたところ、図表コラム3−1のような結果が出ました。

　全体では、「賃貸の家賃を払うなら、自分のものになったほうがいいから」が20.6％と最も高く、次いで「自分の住宅を『保有』することが夢だったから」が12.7％、「自分の思い通りの家に住みたかったから」が9.2％となっています。

　ここで着目したい点は、「最大の動機」の散らばり具合です。たとえば、30歳世代では他の世代よりも「子供が生まれた（増えた）から」や「結婚した（する）から」という「ライフスタイル（世帯構成）の変化」の割合が高く出ているのに対し、50歳〜60歳世代では「自分の思い通りの家に住みたかったから」の比率が高く出るなど、『若い世代はリア重（リアル重視）、中高年層は浪漫派』ともいえる傾向がみてとれます。また、全体でも「子供の教育環境を考えて」「親と同居することになったから」「勤務先への通勤を考えて」「賃貸住宅より分譲・建売住宅のほうが品質が良いから」「傷や汚れを気にせずに住めるから」「収入がなくなっても住む場所に困らないように」「周囲から資金援助をしてもらえるので」といった動機にも相応の選択率があります。このような散らばり具合をみると「家を買う理由は人それぞれ」ということがあらためて確認できます。

　一方、「住宅は賃貸派」の意識はどうなのかも気になります。当研究所は今回のアンケート調査で、住宅を保有せずに賃借している方々5,898名に「住宅を購入しない最大の理由」を尋ねていますが、図表コラム3−2のような結果

図表コラム 3 − 1　住宅を購入した際の動機で最も大きな動機

(%)

	TOTAL	20-29歳	30-39歳	40-49歳	50-59歳	60-64歳
回答者数	3,610	130	554	957	1,140	829
自分の住宅を「保有」することが夢だったから	12.7	22.5	11.1	13.2	12.1	12.4
結婚した／する予定だから	8.6	10.2	11.0	11.8	6.3	6.3
子供が生まれた（増えた）／予定だから	8.3	6.3	15.9	9.9	5.1	5.8
子供の教育環境を考えて（通学面、受験面）	8.2	2.6	9.3	9.8	7.6	7.5
親と同居することになったから	4.2	2.8	2.0	2.6	4.7	7.1
住環境（治安、緑の多さ、暮らしやすさなど）を考えて	5.2	3.1	2.8	3.8	5.5	8.2
勤務先への通勤を考えて	2.2	2.7	0.6	2.4	2.6	2.3
社会的な信用が得られるから	0.2	0.0	0.1	0.1	0.3	0.1
賃貸住宅より分譲・建売住宅のほうが品質がよいから	1.6	2.3	0.6	1.5	2.0	1.8
自分の思い通りの家に住みたかったから	9.2	6.7	6.1	7.3	9.8	13.2
傷や汚れを気にせず住めるから	1.0	2.8	1.4	0.7	0.7	1.1
周囲から資金援助をしてもらえるので	1.2	4.3	1.8	1.6	0.7	0.6
（購入した）自宅の値上りに期待して	0.2	0.4	0.1	0.1	0.1	0.4
賃貸の家賃を払うなら、自分のものになったほうがいいから	20.6	20.5	25.2	21.7	20.7	15.9
収入がなくなっても住む場所に困らないように	3.1	2.1	0.5	1.6	4.3	5.0
その他	2.4	0.9	1.9	1.8	3.8	1.6
当てはまるものはない	11.2	9.6	9.5	10.0	13.7	10.6

（注）　四捨五入の関係で、合計値が100％にならない場合がある。
（出所）　三井住友トラスト・資産のミライ研究所「住まいと資産形成」に関するアンケート調査（2020年）

図表コラム3－2　住宅を購入しない動機で最も大きな動機

(%)

	TOTAL	20-29歳	30-39歳	40-49歳	50-59歳	60-64歳
回答者数	5,898	1,634	1,408	1,540	961	355
ライフスタイルや収入にあわせて住み替えしていきたいので	13.5	13.4	13.6	14.7	12.9	10.3
今後、転職や独立を考えているから	3.0	4.4	5.1	1.5	0.8	0.5
子供がいないので	2.7	2.3	2.7	1.7	5.1	2.8
お金がなく、ローンの借入・返済もむずかしいので	34.3	30.6	29.5	35.3	40.8	47.5
その家や近隣環境が嫌になったときに住み替えられないから	3.3	2.2	2.9	3.9	3.7	5.9
自分で修繕・管理するのがめんどうだから	2.9	1.9	2.1	4.3	2.8	4.7
自然災害が心配だから	2.2	1.7	3.3	1.2	3.0	2.5
購入したいと思っている	11.8	12.1	16.3	10.3	8.9	6.4
結婚していないから(未婚だから)	17.4	25.6	18.2	16.3	8.0	6.7
住むための住居はすでに購入している(単身赴任などで現住地ではない)	2.3	1.4	1.1	2.0	4.9	4.2
その他	6.7	4.4	5.2	8.8	9.0	8.4

（注）　四捨五入の関係で、合計値が100％にならない場合がある。
（出所）　三井住友トラスト・資産のミライ研究所「住まいと資産形成」に関するアンケート調査（2020年）

が出ています。全体では、「お金がなくローンの借入・返済もむずかしいので」が34.3％と最も高く、次いで「結婚していないから」が17.4％、「ライフスタイルや収入にあわせて住み替えしていきたいので」が13.5％となっています。「今後、転職や独立を考えているから」「買った家や近隣環境が嫌になったときに住み替えられないから」「自分で修繕・管理するのがめんどうだから」という理由も相応の選択率が出ており、それぞれ買わない理由として共感できるものです。

「家に何を求めるのか？」の視点も一助に

「生活の基盤は、衣・食・住」とよくいわれます。「家（住まい、住宅）」は所有することで（当然ですが）「資産」となりますが、資産としての経済価値だけではなく生活の基盤としての要素を多く持っていると思われます。「わが家」を英語にするときに「マイハウス」よりも「マイホーム」のほうがしっくりくるのは、「ハウス」が建物そのものを示して即物的な印象であるのに対し「ホーム」には自分が住んでいる場所・家族が安らぐ場所など、家としての機能に加えて、家庭生活のイメージが加わるからといわれています。

人生100年時代において、一生の間にライフスタイル（世帯構成）は変化していきますし、単線的なものだけでなくループ（家族が増えて、減って、また増えて、など）していくことも想定されます。そういった可能性に対して選択肢を広く持っておきたいという考えを持たれる方も増えてくると思われます。

こう考えていくと、「家を買うか、借りるか」で悩むことも大切ですが、視点を「家（住まい、住宅）に、今（もしくはこれから）自分は（自身と一緒に生活する人たちも含めて）何を求めるのか？」に向けて考えてみると視界が晴れてくるかもしれません。

図表コラム3－3　住まいに求めることリスト

チェック欄	住まいに求めること
□	結婚したり子供ができたら「わが家に」一緒に住みたい
□	「夢」の実現
□	親と一緒に住める場所
□	良い住環境（治安・暮らしやすさなど）
□	通勤や通学で便利な場所
□	持つと社会的信用が得られる
□	品質の良さ
□	自身や家族のライフスタイルへの思いを実現する場所
□	傷や汚れを気にしないで住める場所
□	資産として保有して、値上りの期待できるもの
□	収入がなくなっても住むことができる場所
自由記載枠	
自由記載枠	

（出所）　三井住友トラスト・資産のミライ研究所作成

一例ですが、図表コラム3－3のような「住まいに求めることリスト」を、一緒に住む方、住みたい方と作成してみると、それぞれが住まいに対して持っている思いを共有することができ（いっそう、議論が白熱するかもしれませんが）、その世帯における「住まい」の意味がはっきりみえてくるきっかけになると思われます。

　各世帯の「住まい」への想いを体現している物件を見つけ、それを「買う（持ち家）」のか「借りる（賃貸）」のかを検討する、という手順も現実的な取組みの1つと考えられます。

　また、そういった機会に「持ち家」と「賃貸」の特徴も点検しておくと実務面で計画が立てやすくなります。図表コラム3－4で代表的な特徴を一覧化していますので確認してみてください。

図表コラム3－4　持ち家VS賃貸　比較対照表

持ち家	
メリット	●資産として活用できる（次世代に残せる）　●住宅性能・設備が優れている ●自由にリフォームができる　●ローン完済後は住居費負担が軽減される ●ローン完済後は老後の住まいが確保され安心　●不動産市況によっては資産価値が増す ●不動産やローンに関して体験を積むのでリテラシーが増えてお金のことやライフプランに強くなる
デメリット	●初期費用が大きい　●一定以上の収入がないとローンが借りにくい ●ローン返済中の収入減はライフプランに影響が大 ●税金や修繕費など物件以外の費用がかかる ●不動産市況などによって資産価値が大きく変動する　●転勤や転職の時に引っ越しにくい ●取引価格が大きいので物件選びに時間と労力がかかる

賃貸	
メリット	●初期費用が少なくてすむ　●収入の少ない人や正社員でなくても住む場所が確保できる ●転勤や転職、ライフスタイルにあわせ転居しやすい ●家賃以外のお金（修繕費など）があまりかからない ●家族が増えたときなどに対応しやすい
デメリット	●借りる時に保証人が必要　●老後も家賃を払い続けなくてはならない ●賃貸仕様で住宅性能・設備が劣ることがある　●自由にリフォームできない ●ファミリータイプの手頃な物件が少ない ●高齢の場合、賃貸契約が結べないことがある

（出所）　三井住友トラスト・資産のミライ研究所作成

Column No.4

□ 住まいにまつわる古くて新しい問題❷
～「家賃を払い続けるなら、家を買ったほうがよい」は本当か？～

　住まいに関する『命題』として、「家賃を払い続けるなら、家を買ったほうがよい」が有名です。

　これを、もう少し詳しくみてみると、「家を買ったほうがよい」について、

　① 「住居費（住まいに関する総支出額）は買ったほうが借りるより少なくてすむので得だ」という文脈で使われるケース

と、

　② 「最終的には資産（家屋・土地・マンションなど）として残るので得だ」という文脈で使われるケース

が多いと思われます。

「得か損か」の判定はむずかしい

　まず、住居費の観点で比較するうえで「期間」は50年間（購入時〈本人30歳代〉から50年間）と置き、「既婚・子有りの30歳代世帯が、ファミリーで生活する基盤としての住まいを首都圏で準備」するケースを考えてみます。

【賃貸派】

　ファミリー用ということで都内3LDKの賃貸マンション（家賃15万円）を1年目から30年間賃借し、31年目から20年間は、子供が独立したことを契機に都内2LDKの賃貸マンション（家賃10万円）に引越したとします。

　インフレや家賃の高騰などは想定に含めていませんが、80歳代までのライフプランにおける大まかな住居費として**約8,200万円規模**と見込みます（図表コラム4－1）。

【購入派】

　首都圏に土地つき戸建て住宅（物件価格4,800万円）を購入。頭金として物件価格の2割（960万円）を準備、住宅ローンの借入額は3,840万円とします。

　次にローンの返済額ですが、ここで返済期間、適用金利（固定か変動か）によって大きく総返済額に差が出てきます。影響を確認するために返済期間（15年・25年・35年）と金利（固定金利、1％・2％・3％）に選択肢を設けて一

図表コラム 4 - 1 　賃貸派の住宅費用の見込み額（50年間）

入居期間	1年目~30年目	31年目~50年目	合計
家賃（月額）	15万円	10万円	−
家賃（期間総額）	5,400万円	2,400万円	7,800万円
入居費（3カ月分）	45万円	30万円	75万円
更新費（2年ごと1月分）	210万円	90万円	300万円
引っ越し費用（入居時）	30万円	30万円	60万円
小計	5,685万円	2,550万円	8,235万円

（出所）　三井住友信託銀行の住宅ローンシミュレーション結果に基
づき三井住友トラスト・資産のミライ研究所作成

図表コラム 4 - 2 　購入派の住宅費見込み（金利・返済期間）

ローンの金利	返済期間15年	返済期間25年	返済期間35年
年1%	毎月23.0万円 総返済額4,140万円	毎月14.5万円 総返済額4,340万円	毎月10.8万円 総返済額4,450万円
年2%	毎月24.7万円 総返済額4,450万円	毎月16.3万円 総返済額4,880万円	毎月12.7万円 総返済額5,340万円
年3%	毎月26.5万円 総返済額4,770万円	毎月18.2万円 総返済額5,460万円	毎月14.8万円 総返済額6,200万円

（出所）　三井住友信託銀行の住宅ローンシミュレーション結果に基づき三井住友
トラスト・資産のミライ研究所作成

覧にしてみます（図表コラム 4 - 2 ）。

　この前提での概算結果をみると、同じ金利であっても返済期間の長短（15
年と35年）で総返済額の差が約300万~1,400万円と大きく変わってくること
がわかります。

　住居費の観点で、賃貸派とわかりやすく比較するために、金利（固定）
2 %、返済期間35年のケースでの「購入時の頭金、諸費用、毎年の税金納付
額、修繕費用（外壁塗り替え、躯体防蟻など）、シニア期のリフォーム費用」
などを足元の平均な水準で見込み、足し上げてみますと7,860万円となります
（図表コラム 4 - 3 ）。

　しかし、こういった試算では、購入時点の頭金額、ローンの借入金額、適用

図表コラム 4 − 3
購入派の住宅費用（50年間）：ローン金利 2 ％・返済期間35年

費用項目	金額（概算）
頭金(物件価格の20%)	960万円
諸費用(物件価格の5%)	240万円
住宅ローンの総返済額	5,340万円
固定資産税(概算)	720万円
修繕費用・リフォーム費用	600万円
合計	7,860万円

（出所）　三井住友トラスト・資産のミライ研究所作成

　金利、返済年数をどう設定するかで総支払額は大きく変動しますので、「生涯の住居費」の比較として一概に「損か得か」で語ることはむずかしいと思われます。大切なのは、購入する際の検討手順として、年収の範囲でどの程度まで住宅ローン返済が可能か、その返済設定で日々の暮らしを安定して回していけるのかをよく検討し、ローン設定したらできるだけ（繰上返済などを利用して）ローンの残債を減らす工夫をしていく方針を立てる、ことかもしれません。

賃貸派と購入派で異なる生涯住居費のフロー波形

　「生涯の住居費」の比較は、上記のような「変数」がたくさんあることから、どっちが得とは言い難いのですが、「家は買ったほうが資産として残るから得だ」についてはどうでしょうか。

　「資産として残る」のは事実ですが、これも「買ったのだから自分の所有になる」のですが、「得」なのかどうかはわかりません。逆に「借りたのだから、自分のものではない」のも真実で、これも「得」なのかどうかはわかりませんが、あえていうなら「常識」という感じです（「借りていたのに、いつのまにか自分の所有になっていた」だったら「驚き」ですが）。

　上述のように比較してみますと「購入」or「賃貸」での優劣というよりも各々の特徴がよくみえてきました。ポイントは、両者におけるライフプランで生じるイベントが異なること、そのイベントにかかる費用額が異なること、結果として両者の「生涯の住居費」フローの波形が違うこと、だといえそうで

す。図表コラム4－4で明らかなように、「賃貸」は期間を通じて住居費フローの波の高さがあまり変わりません。「購入」は初期の購入費用（頭金など）や途中のメンテナンス・リフォームで結構、波の高低がありますが、ローン返済完了後は住居費のフローは税金や管理費などになるので負担が減少し変動もほとんどなくなります。ここで「人生100年時代」の観点から考えますと「長寿化」の影響は「賃貸」で明確に生じてきます。

すなわち「生きている限り、家賃の支払いが続くので、長寿化すると支払期間も長くなる」という影響です。

とはいっても「賃貸」は住居費フローの変動が大きくないので将来のライフプランでの変更（住替え）がききやすく、大きな意味での「人生の選択肢」を将来に残しておく効果もあると思われます。

「購入」することで「（土地・家屋という）不動産」を保有することになりますが、「老後の住み場所の確保」でもあることから「老後生活期における住居費フローを小さくするための備え」とも考えられます。老後の住居費用を「家（土地・家屋）の所有というかたちで担保」するのか、それとも「家賃支払原資を金融資産で準備」するのか、の違いが「購入VS賃貸」のポイントだと整理してみると「損か得か」論争から少し離れて、この問題が俯瞰できるようになると思います。

図表コラム4－4　賃貸派と購入派の「生涯住居費」のフローイメージ

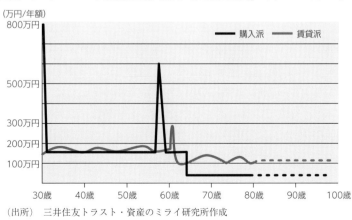

（出所）　三井住友トラスト・資産のミライ研究所作成

Q21 住宅ローンを抱えている家庭における 家計防衛策とは？ 最近の状況を教えてください

A 21

　三井住友トラスト・資産のミライ研究所は、2020年1月、全国の20〜64歳の男女1万人を対象に「住まいと資産形成」に関するアンケート調査を実施しました。

　平成の時代はテクノロジーの急速な進化によって経済社会の仕組みも変わり、それに伴って新しいサービスが生まれました。一方で「人生100年時代」といわれるように社会で長寿化が進み、価値観やライフスタイルも大きく変化した時代だったといえます。

　令和の新時代に入り、「人生100年時代」にあわせてさらに価値観やライフスタイルは多様化していくことと思われます。

　今回、長寿化していく日本社会の各年齢層が、「住まいと資産形成」に関してどういう状況にあり、どんな意識を持っていて、どう行動していくのかを考察することを目的とし、世代比較を中心に調査を実施しました。

　そのアンケート調査結果からいくつかの興味深い傾向が浮かび上がってきました。

◉ 住宅ローン保有者は、案外、ローン返済に負担を感じていない

　今回、住宅ローン返済中（返済完了者も含む）の2,957名に「住宅ローン返済額の負担感について率直な気持ち」を尋ねたところ、思いのほか「大きな負担」と感じていないとの結果が出てきました。世代別にみても「まったく負担に感じない」「少し負担に感じる」を合わせた比率が6〜7割となっており、毎月の住宅ローン返済については「腹を括って払うと決めたら、所与のもの」ととらえていることをうかがわせる一方で、30歳代だけは「まったく負担に感じない」の比率が他の世代より低く、広い意味で「負担感をいちばん感じている世代」ではないかと考えられます（図表21−1）。

　また、今回のアンケート調査では「住宅ローン返済年額は世帯年収の何割か」も尋ねていますが、住宅ローン返済比率として相談を受けた場合、金融機関の一般的な回答としては「年収の2割台」を目安としているケースが多

いのですが、30歳代は他の世代と比較して「年収の３割」「４割」の回答割合が高くなっており、他の世代よりも負担感を感じている層が多いことの背景の１つと考えられます（図表21-2）。

 図表 21-1 **住宅ローン返済額への負担感**

■ まったく負担に感じない　■ 少し負担に感じる　■ 負担に感じる　■ かなり負担を感じる

	回答者数	まったく負担に感じない	少し負担に感じる	負担に感じる	かなり負担を感じる (%)
TOTAL	2,957	12.1	52.4	25.1	10.5
20-29歳	119	14.7	52.9	25.4	7.1
30-39歳	460	9.6	53.9	23.9	12.6
40-49歳	818	12	52.9	24.1	11
50-59歳	920	11	49.2	27.5	12.3
60-64歳	640	15.2	55	23.5	6.2

（出所）　三井住友トラスト・資産のミライ研究所「住まいと資産形成」に関するアンケート調査（2020年）

図表 21-2 **世帯年収に占めるローン返済年額のおおよその割合**

■ 世帯収入の１割くらい　■ 世帯収入の２割くらい　■ 世帯収入の３割くらい　■ 世帯収入の４割くらい
■ 世帯収入の５割くらい　■ 世帯収入の６割くらい　■ 世帯収入の７割くらい　■ 世帯収入の８割くらい
■ 世帯収入の９割くらい　■ 世帯収入の10割またはそれ以上　■ わからない

	回答者数	１割	２割	３割	４割	５割	６割	７割	８割	９割	10割以上	わからない (%)
TOTAL	2,957	17.5	31	16.2	4.1	1.4	0.4	0.3	0.2	0.1	0.1	28.8
20-29歳	119	10.1	30.5	17.7	4.2	3.9	2	3.4	0.2	0	0	28.1
30-39歳	460	15.4	33.1	18.3	5.9	0.8	0.3	0.2	0.1	0.1	0	25.7
40-49歳	818	17.6	31.2	15.6	4.8	1.7	0.5	0.2	0.2	0.3	0.1	27.7
50-59歳	920	18.8	28.9	16.4	3.2	1.5	0.1	0.2	0.3	0.1	0	30.4
60-64歳	640	18.2	32.3	14.7	0.8	3	0.3	0.1	0.1	0.2	0	30.2

（出所）　三井住友トラスト・資産のミライ研究所「住まいと資産形成」に関するアンケート調査（2020年）

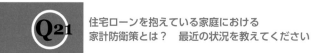

● 若い世代の住宅ローン保有者は、家計の工夫をスマートに 実践、目的は教育費

今回のアンケート調査では、住宅ローン保有者（現在返済中）に「家計面で実行している努力や工夫」についても尋ねていますが、結果からは、若い世代の住宅ローン保有者の「スマートな工夫」が浮き彫りになってきています。

若い世代（20歳代・30歳代）の回答をみてみると、全世代平均に対して「ポイントやマイレージを積極的に貯める」「ふるさと納税など、税制の優遇措置を利用する」の回答比率が高く出ており、特に「ポイント・マイレージ活用」は10ポイント以上高い結果となっています（図表21−3）。

2018年度のポイント・マイレージの発行額はすでに1兆円超の規模になってきていますが、2019年の消費税引上時のキャッシュレス還元策が追い風となって、クレジットカード、インターネット通販、航空での利用規模はいっそう拡大していきそうです。こういった環境を背景として、家計の防衛策として「ポイント・マイレージ活用で現金支出を抑える」行動が顕著になってきていると思われます。

アンケート調査では家計面での努力を行う最大の目的についても尋ねていますが、結果としては、20歳代・30歳代は共通で「日々の暮らしにうるおい・ゆとりを持たせるため」が高く出ている一方、30歳代では「子供の教育費の準備、支払いのため」が第1位となっており、「住宅ローンを返済しつつ、家計の努力をスマートに実践しながら、子供のための教育費を捻出していく」30歳代の家計への取組み方がみえてくる結果となりました（図表21−4）。

まとめると、「**若い世代の住宅ローン保有者の家計の工夫は"Smart Spending（賢い支払い方）"にあり。ポイント・マイレージを活用して、スマートに家計をサポート！**」といったところでしょうか。

家計面で実行している努力や工夫（複数回答可）

(%)

	TOTAL	20-29歳	30-39歳	40-49歳	50-59歳	60-64歳
回答者数	1,536	61	341	573	432	129
家計簿をつけている（家計簿アプリの利用を含む）	32.4	51.1	38.9	32.1	27.2	25.3
食費を節約する	34.2	60.7	40.5	32.3	29.7	29.1
食費を衣服や嗜好品（酒・タバコほか）を節約する節約する	24.9	41.3	28.9	23.3	22.2	22.8
光熱水費を節約する（こまめに消す、契約を見直す等）	36.0	46.0	38.7	35.7	33.6	34.0
旅行やレジャー、趣味にかけるお金を節約する	20.9	24.7	21.9	20.0	20.7	21.4
生命保険・損害保険を見直した	22.6	22.3	19.6	20.8	25.4	29.8
住宅ローンを借り替えた（当初のローンから金利の低いローンに組み替えた）	17.9	4.2	7.6	18.7	26.1	20.4
住宅ローンの繰上返済をした	14.6	7.0	9.5	15.9	17.1	17.1
その他のものを節約する	0.4	1.0	0.2	0.3	0.5	0.8
片働きから共働きにした	11.5	10.2	10.1	13.5	11.1	8.1
転職した	3.5	5.8	3.9	3.8	3.0	1.9
副業・複業に取り組んでいる	5.9	12.0	6.2	5.5	5.0	6.7
ふるさと納税など、税制の優遇措置を利用する	14.8	16.2	18.8	15.2	12.8	7.9
ポイントやマイレージを積極的に貯める	38.7	51.3	49.7	38.9	32.4	23.4
その他	0.3	0.0	0.4	0.4	0.2	0.2
特に何もしていない	15.8	4.9	12.8	16.7	17.2	19.8

（出所） 三井住友トラスト・資産のミライ研究所「住まいと資産形成」に関するアンケート調査（2020年）

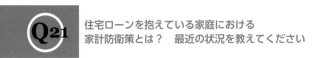

図表 21-4 家計の工夫の最大の目的（複数回答不可）

(%)

	TOTAL	20-29歳	30-39歳	40-49歳	50-59歳	60-64歳
回答者数	1,294	58	298	477	358	103
住宅ローンの返済準備、支払いのため	17.6	16.5	16.3	16.3	19.4	22.3
今後の不動産取得に向けた準備のため（頭金など）	0.6	1.9	0.7	0.5	0.6	0.0
自動車の購入準備のため	1.2	1.5	1.6	1.4	0.9	0.7
子供の教育費の準備、支払いのため	24.4	22.8	28.8	31.5	17.2	4.5
介護・医療費（親または自分たちの）の準備、支払いのため	0.7	0.9	0.2	0.5	1.0	2.2
老後の日々の生活費の準備のため	16.5	9.9	7.4	12.5	24.3	37.6
高齢者向けの住宅への住替え・リフォームのため	0.3	0.0	0.2	0.2	0.3	1.2
（特定の目的ではなく）将来に向けた資産形成のため	8.8	12.4	11.4	8.9	7.6	3.4
日々の暮らしにうるおい・ゆとりを持たせるため	20.8	23.3	24.7	19.3	19.7	19.0
自分への投資のため（資格取得の準備、人脈つくり、趣味など）	1.0	2.3	1.7	0.7	0.7	0.5
その他	0.4	0.4	0.4	0.2	0.5	0.7
何となく、特に目的はない	7.6	8.3	6.6	8.0	7.7	7.9

（注）　四捨五入の関係で、合計値が100％にならない場合がある。
（出所）　三井住友トラスト・資産のミライ研究所「住まいと資産形成」に関する
　　　　アンケート調査（2020年）

Q22 50歳代からの「資産形成」は手遅れですか？

◉「手遅れなのか？」「間に合うのか？」

まず、「手遅れ」なのか「間に合うのか」を、Q4で紹介した総務省／家計調査報告の統計値（世代ごとの実支出、実収入の平均額）で眺めてみます。

シンプルに、「50歳時点で家計における老後生活資金は"ゼロ"、ただし家計の実支出以外の収入分（余剰）はすべて『老後生活資金準備』に注ぎ込む」ことにすると、図表22−1の③のように50歳代の10年間で2,160万円が用意でき、これを60歳以降の40年間の収支の不足分に充当していくと資金ショートを起こさずに何とか100歳まで到達できる計算です。

（注）　住宅ローンを返済中の方は家計の余剰からローン返済されるので「余剰をすべて老後生活資金準備に」とはなりません。

しかし、病気や住まいの住替えなどシニア世代のイベントコストが発生したときに、お金の余裕がまったくない、という事態も想定され「ハラハラド

図表 22-1 50歳以降の家計の実支出・実収入イメージ（60歳リタイアの場合）

	現役世代	シニア世代				
	A	B	C	D	E	合計
	50歳代	60歳代	70歳代	80歳代	90歳代	
実支出(月額)	52	26	24	24	24	-
実支出(年額)	624	312	288	288	288	-
①各世代での支出小計	6,240	3,120	2,880	2,880	2,880	18,000	A〜Eの合計
実収入(月額)	70	21	20	20	20	-
実収入(年額)	840	252	240	240	240	-
②各世代の収入小計	8,400	2,520	2,400	2,400	2,400	18,120	A〜Eの合計
収入と支出の差分 ③=②−①	2,160	-600	-480	-480	-480	**120**	
④40歳代の保有金融資産(平均)	1,074						

（注）　70歳代〜90歳代の実支出と実収入は変わらないものとした。
（出所）　総務省統計局「家計調査報告」平成29年　二人以上の勤労者世帯のうち住宅ローン返済世帯、65歳以降は二人以上の無職世帯の統計値をもとに三井住友トラスト・資産のミライ研究所作成

キドキ」感が漂います。同じ家計調査報告でみますと「40歳代の保有金融資産（平均）」は1,074万円ですので、この資産をイベントコストへ充てると考えれば、気持ちが少し穏やかになるかと思います。

　ただ、「もう少しシニア世代のイベントへの備えをしっかり考えておきたい」というケースや、「すでに50歳代も半ばなので、今からだと手遅れ」と思われるケースもあります。これらのケースについて考えてみましょう。

　一般的に、企業や団体等にお勤めの方は定年退職時に退職金（平均的には大卒～定年退職まで勤め上げて1,000万～2,000万円の規模）が支給されるケースが大宗なので、これを老後生活資金としてしっかり取り分けます。ですので、リタイア直後の保有金融資産は少し厚みを持つことが多いと思われます。

　次に、現在、企業、団体等の定年年齢は60から65歳への引上げに向かっています。従前の「60歳定年」から５年間現役時代が長くなり、５年分シニア世代が短くなりますので「定年後の収入累計額が大きくなり」「定年後の支出累計額が小さくなり」「（60歳時点での）老後生活資金を取り崩し始める時点が５年後ろ倒しできる」効果が生まれます。

　また、住宅を自己保有されている世帯であれば、「（金融資産での）老後資金準備がそれでも心細い」と思われる場合、「住まい」の「資産価値」に着目して、「リバース・モーゲージ」や「リース・バック」といった「住まいに住み続けながら（家を担保として）老後生活資金を調達する」手段を選択肢として検討することができます。

　これらの要素を図表22－１に加えたのが図表22－２になります。

　現役世代を「Ａ：50歳代」から「Ｂ－①：60－64歳」まで延ばしています。ただし、この５年間の実収入はＡの期間と同じ水準ではなく「Ａの４割」で見込んでいます。それでも就労継続した効果で、60－64歳では収入と支出がほぼトントンとなっていますので、老後資産の取崩し開始期を65歳以降に後ろ倒しできています。結果、この概算では50歳から取り組み始めた老後生活資金準備（自助努力）を柱として、480万円の家計資産を持ち

図表 22-2　50歳以降の家計の実支出・実収入イメージ（65歳リタイアの場合）

| | | 現役世代 | | シニア世代 | | | (万円) |
		A	B-①	B-②	C	D	E	合計
		50歳代	60-64歳	65-69歳	70歳代	80歳代	90歳代	合計
実支出(月額)		52	26	26	24	24	24	-
実支出(年額)		624	312	312	288	288	288	-
①各世代での支出小計		6,240	1,560	1,560	2,880	2,880	2,880	18,000
実収入(月額)		70	28	20	20	20	20	-
実収入(年額)		840	336	240	240	240	240	-
②各世代の収入小計		8,400	1,680	1,200	2,400	2,400	2,400	18,480
③=②-① 収入と支出の差分		2,160	120	-360	-480	-480	-480	480

（18,000・18,480 は A～Eの合計）

④40歳代の保有金融資産（平均）　1,074

⑤企業・団体からの退職金　各社・団体の制度による

⑤住居（家屋+土地）　時価

（注）　70歳代～90歳代の実支出と実収入は変わらないものとした。
（出所）　総務省統計局「家計調査報告」平成29年　二人以上の勤労者世帯のうち住宅ローン返済世帯、65歳以降は二人以上の無職世帯の統計値をもとに三井住友トラスト・資産のミライ研究所作成

つつ100歳到達を見込むことができました。

　これをベースに考えますと、④の家計での保有金融資産や⑤の退職金（場合によっては⑥の住まいを活用した老後資金）は、65歳から100歳の間に生じるシニア世代のライフイベントや、毎月収支における不測の出費などに充当していくイメージです。

　しかし、「50歳代は、家計の実支出以外の収入分（余剰＝18万円／月）をすべて『老後生活資金準備』に注ぎ込むのはいくらなんでも……」という場合は、「お金自身に働いてもらう＝運用」を資金準備計画に加えていただくことで、手元から拠出する「老後資金準備額」を抑えることができます。

◉ 考慮の余地ある「お金自身に働いてもらう」方策

　たとえば、毎月8万円を積立運用した場合の期間ごとの資産額を図表22-3に示していますが、65歳まで積立運用することを想定すると今50歳の方なら15年後、今55歳の方なら10年後が目標になります。月18万円を10年間（120カ月）積み立てると65歳時点で2,160万円となりますが、毎月8万円を給与天引きや口座自動引落型の「積立投資」で15年間、有価証券や投資信託などに定時定額投資を続けた場合、仮に年平均3.0％の運用ができたとすると、拠出総額1,440万円が65歳到達時点で1,810万円になる計算です。少額でも継続的に投資を行い複利効果で「お金に働いてもらう」ことで、家計からの「老後資金準備への注ぎ込み」を効率的にすることができそうです。

　こういったいくつかの取組みを組み合わせて実施することをイメージいただければ、気持ちが「手遅れ」から「間に合いそう」に切り替わってくると思われます。

毎月8万円を積立投資した場合（概算）

（単位：万円）

	5年後	10年後	15年後	20年後
元金	480	960	1,440	1.920
年1.0％運用	492	1,009	1,552	2,123
年2.0％運用	504	1,061	1,675	2,354
年3.0％運用	517	1,116	1,810	2,615

（注）　本データは商品の利回り等を保証・示唆するものではありません。また、税金・手数料等は考慮していません。この運用結果の数値は、複利方式による試算に基づく概数を示したものであり、正確な数値を示したものではありません。これは一定の運用条件を前提として試算したものであり、運用条件の変化等により試算結果は異なるものとなることから、将来の結果を保証するものではありません。
（出所）　三井住友トラスト・資産のミライ研究所にて試算

第 4 章

退職後世代の
ライフイベントに必要なお金と
上手に使いたい金融サービス

（60歳代・70歳代・80歳代以上編）

Q23 退職後世代に想定されるライフイベントとは?

A 23 退職後世代の方々にはさまざまなライフイベントが訪れますが、それらは「自分自身の収入に関すること」「自分を取り巻く親族に関すること」、そして、「自分自身の健康や相続に関すること」の3つに大別されます。

◉ 自分自身の収入に関すること

　いつまで働き続けるのかは人それぞれの価値観や職業の特性次第ですが、一般的な給与所得者において最も多いパターンは、「60歳で定年」を迎え、事業主が用意する高齢者雇用確保措置において「65歳までの継続雇用」を選択し、「65歳から年金生活」へ移行するものです。一連の流れのなかで、自分自身の属性が、「給与所得者」から「年金受給者」へ転換していくことは、人生における大きなライフイベントに位置づけられるでしょう。

　一般的に、継続雇用期間の賃金や年金受給金額は、定年までの期間の賃金よりも少なくなります。日々の生活費については、貯蓄の取崩しや私的年金

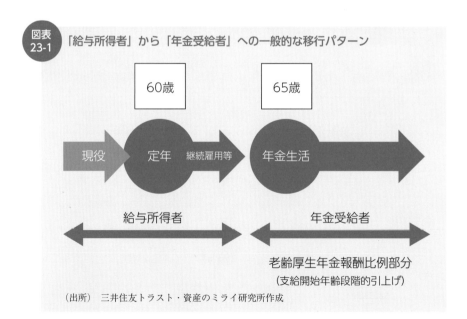

図表 23-1 「給与所得者」から「年金受給者」への一般的な移行パターン

60歳　65歳

現役　定年　継続雇用等　年金生活

給与所得者　年金受給者

老齢厚生年金報酬比例部分
（支給開始年齢段階的引上げ）

（出所）三井住友トラスト・資産のミライ研究所作成

の給付額なども考慮しつつ、収入に見合うものに見直ししていく必要があります。なお、退職金も含めた金融資産のうち、当面使わない金額については、長期分散投資などの資産運用に回し、長い老後期間の生活資金の備えとしていくことも必要です。

◉ 自分を取り巻く親族に関すること

退職後世代は、その親世代と子供世代の双方において発生するライフイベントの影響を受けます。

まず、親世代については、認知症発症や身体機能の低下が進行し、やがて相続が発生します。親が何も準備をしていない場合、親の財産管理や介護についての退職後世代の負担は軽くなく、また、退職後世代は自分自身の加齢も進行していくことから負担感も増していき、「老老介護」や「老老相続」といった言葉で表される社会問題が発生しています（老夫婦間においても同様）。

子供世代については、住宅取得や孫の就学があり、各種の非課税贈与手段による支援が、応援する気持ちの具体化と相続税圧縮の双方から注目されています。

◉ 自分自身の健康や相続に関すること

退職後世代は、十分な余暇があることから、元気なうちは旅行や習い事など、アクティブな活動をすることができます。しかし、やがて加齢に伴い判断能力や身体機能の低下といったライフイベントが生じ、相続が発生します。身体機能の低下であれば、財産管理や相続の対策について、代理や代筆での手続きもできますが、判断能力が低下した後では、自分自身が主導するかたちで対策を打つことはできなくなります。こうした対策については、元気なうちから備えておくことが肝要です。

Q24 現在60歳代の人たちの特徴を歩んできた時代背景とともに教えてください

A 24

現在60歳代の人たちは、家庭に洗濯機やテレビの普及が進んだ1950年代に生まれ、日本経済が高度成長を続けるなかで育った、「ポスト団塊世代」を中心とする世代です。団塊世代とバブル世代の間の世代というとイメージしやすいかもしれません。

◉ しらけ世代だが若者消費の「型」つくる

団塊世代がその圧倒的な人数の多さから「競争・主張の世代」となり学生運動や仕事にも全力を傾けたのに対し、その下の現在60歳代の人たちにはクールな傍観者タイプが多く、無関心、無責任、無気力な三無主義の「しらけ世代」と称されました。

ただ、消費に関しては積極的で、多くの人がテニスやスキー、合コンを楽しみ、デートに車は必需品、デザイナーズブランド（DCブランド）からリゾート地のペンション、アニメまでさまざまなブームの火付け役となりました。若者消費の1つの「型」をつくった世代ともいえます。

「消費に前向き」はバブル世代の代名詞のように思われていますが、実は30歳〜50歳代のいずれの時点においても、ポスト団塊世代のほうがバブル世代より平均消費性向が高いということはあまり知られていません。

◉ 恵まれた資産形成期

この世代は、資産形成に関しては相対的にラッキーでした。30歳代から40歳代にかけての働き盛りかつ資産形成真っただなかの時期がバブル景気に湧く1990年前後に当たっていたため、賃金が34万円→55万円と大幅に上昇（Q17 図表17－1）、株高・高金利という抜群の運用環境（Q17 図表17－2）のなかで貯蓄も順調に増加しました。文字通り「お金に働いてもらう」ことができたのです。

30歳代時点の貯蓄残高こそ400万円強と他の世代の30歳代時点より低めでしたが、40歳代までの10年間で680万円を積み増して残高は一気に1,000万円を突破、その後も10年ごとに540万円、490万円と着々と積増しを続けた

結果、足元60歳代時点の残高は平均2,133万円と、Q4で算出した老後生活に必要な資金の目安である2,000万円（P12参照）を余裕でクリアしています（Q18 図表18－2）。

◉ 一見「逃げ切り世代」のようにみえるが……

ただ、2,000万円をクリアしているからといって、この世代の老後生活に何の不安もないというわけではありません。2,000万円という金額は夫婦ともに健常なケースの家計収支から算出された金額なので、要介護状態になればさらに必要額は増えますし、日本において少子高齢化の進行が止まっていない以上、年金や健康保険などの社会保障制度が変更され、高齢世帯の負担が増加することも想定しておく必要があります。

もう1つ、この世代の不安要素として考えておくべき点は、同居する未婚の子供を抱える人が少なくないことです。

60歳代世帯に占める「夫婦と子供からなる世帯」の割合は、1985年時点

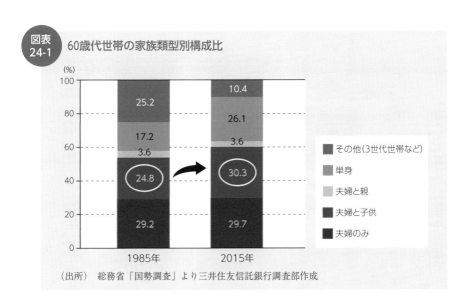

図表 24-1　60歳代世帯の家族類型別構成比

（出所）　総務省「国勢調査」より三井住友信託銀行調査部作成

では約４分の１でしたが、足元では３割を超え、「夫婦のみの世帯」や「単身世帯」を上回り最も多くなっています（図表24－1）。そして、この子供（親元に同居する若中年層単身者）の無業者比率や非正規雇用比率が近年上昇しており、高齢の親が子供の生活費をまかなう比率は３割を大きく超えています（図表24－2）。ひきこもりも含め、経済的に不安定なために独立できない子がいる場合、高齢世帯の家計収支の逼迫は避けられません。実際、世帯主が働いている60歳以上の夫婦と子供世帯の平均消費性向は85％前後ですが、世帯主のみが働いている世帯に限定すると100％を超え、毎月貯蓄を取り崩して生活するかたちとなります。

現在の60歳代には再雇用などで就業を継続している人が多いですが、いずれ年金生活者となった時に子供の暮らしまでまかなおうとすれば、2,000万円の貯蓄で「逃げ切り」というわけにはいかないかもしれません。

図表 24-2　高齢者による18歳以上の子供や孫の生活費まかない（居住形態別）

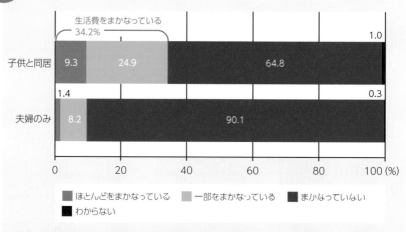

（注）　子供や孫のうち「学生」は除く。
（出所）　内閣府「平成28年　高齢者の経済・生活環境に関する調査結果」より三井住友信託銀行調査部作成

Q25　60歳から70歳代の資産に関するニーズに対し、金融機関はどのような機能を提供していますか？

A 25

60歳〜70歳代の20年間で起こるライフイベントは対象者の属性によってさまざまなものが考えられます。ここでは、給与所得者を前提として、図表25−1のとおり、「所得」と「親族」の観点から資産に関するニーズを導き出し、それぞれについて、金融機関がどのような機能を提供しているのかをみてみましょう。

● 所得関連の主なライフイベントと資産に関するニーズへの対応

60歳〜70歳代は、定年延長やセカンドキャリア転職を考慮したとしても、この20年の間には就労期間が終了し、退職金の受取りや年金の受給が開始されている場合がほとんどです。退職金については、分割交付や定例給与への上乗せ給付によってそもそも退職金が存在しない等の新たなかたちも登場

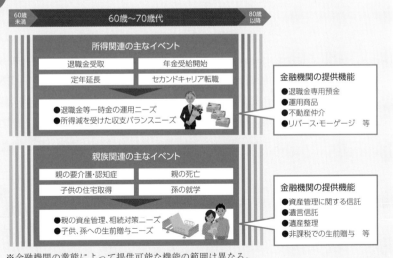

図表 25-1 60歳〜70歳代の主なライフイベントと資産に関するニーズへの対応

※金融機関の業態によって提供可能な機能の範囲は異なる。
（出所）三井住友トラスト・資産のミライ研究所作成

Q25 113

していますが、多くの場合は一時金で支給されています。また、たとえば確定拠出年金（DC）についても、一時金での受取りが選択される場合もあり、総じてこの20年間は、「多額の一時金が流入する時期」であるといえるでしょう。

　金融機関には、この多額の一時金の運用や管理に関する相談ニーズが寄せられています。銀行等の金融機関の窓口では、高金利の退職金専用の定期預金等の安全志向の商品に加え、投資信託や投資一任運用商品（ラップ口座）、変額年金保険等の値動きのある運用商品が取り揃えられており、個々人のリスク許容度に応じた商品が選択されています。なお、退職金等の一時金は老後の生活の拠り所となる重要な資産であることから、過度にリスクの高い運用に振り向けることは適切ではないと考えられています。投資経験の多寡にもよりますが、運用商品の選択にあたっては、値動きの違う商品を組み合わせる分散投資や、商品性そのものに分散投資を組み入れたバランス運用型の商品を購入し、かつ、長期投資を前提としていくことが望ましいといわれています。

　また、60歳〜70歳代は、「多額の一時金が流入する時期」であると同時に、定期収入の減少という事態に向き合わなければならない時期でもあります。定年延長やセカンドキャリア転職をした場合にも、働き盛りの頃と比べて所得水準は低下し、最終的には、この20年のどこかのタイミングにおいて、給与所得者から年金受給者へと移行します。定期収入の減少と生活費の収支バランスについては、一時金の運用収益や貯蓄の取崩し等で対応していくことが基本となりますが、節約によって収支バランスを改善していくこともまた有効な方法となるでしょう。

　節約に関して金融機関が提供可能な機能は、保険の見直しやポイント還元機能付きのクレジットカード・電子マネー等に限られますが、不動産業務を取り扱う信託銀行では住替えの相談も可能です。退職後の生活動線の変化を受けた「郊外や地方への住替え」を行うことで、ベースの生活コストを大幅に見直すことも可能です。

なお、自宅不動産を所有している場合には、死後の自宅売却による返済を前提とした「リバース・モーゲージ」などによって、生活資金やリフォーム資金を工面していくことも選択肢となります。

● 親族関連の主なライフイベントと資産に関するニーズへの対応

　親族関連のライフイベントは、尊属（自分より前の世代の血族）と卑属（自分より後の世代の血族）の双方でさまざまなことが起こります。

　尊属については、60歳〜70歳代の親は80歳〜100歳代であることから、認知症の発症や身体機能の低下、死亡等がいつ起こってもおかしくない状態にあります。これらについては、親自身が何も準備をしていないと、親族へ重い負担が圧し掛かる場合があることから、親が元気なうちに、対策を一緒に考えていくことが重要です。具体的には、資産管理に関する信託商品や遺言信託等による対策が有効です（対策がない場合の弊害はQ38を参照）。なお、相続発生後に親から承継する資産については、まとまった金額が期待されますが、親の債務状況や遺言内容、遺産分割協議の行方や税制次第でもあるため、退職金等の一時金と比較して安定性を欠き、これを老後資金の中心に据えることには留意が必要です。あくまで付加的な資産として考えておくことが妥当でしょう。

　一方、卑属については、30歳〜40歳代の子供による住宅取得や、孫の就学時期が重なります。2015年の相続税法の改正によって、相続税の課税対象者が倍増したこともあり、住宅取得や教育目的での非課税生前贈与による相続財産の圧縮はニーズが高まっています。金融機関等の窓口で非課税贈与系の商品を契約しておくことには課税上のメリットがありますが、長生きを想定した本人の老後の生活資金に影響のない範囲としておくことに、留意が必要です。

Q26 80歳からの資産に関するニーズに対し、金融機関はどのような機能を提供していますか?

A 26　80歳以降は孫の結婚やひ孫の誕生、子供の退職等が立て続けに起こりますが、これらについては、子供や孫世代が中心となった運営・支援が行われ、本人の関与は限定的であることが一般的です。そこで、本問においては、本人にとって重要な「健康」と「相続」の観点に絞って資産に関するニーズを導き出し、それぞれについて、金融機関がどのような機能を提供しているのかをみてみましょう。

◉ 健康関連の主なライフイベントと資産に関するニーズへの対応

厚生労働省は、2016年における、心身ともに自立して健康的な生活ができる「健康寿命」の期間が、男性は72.14歳、女性は74.79歳であると公表しています。80歳以降の高齢者は、何らかの疾患を抱えながら生活してい

図表 26-1 80歳代からの主なライフイベントと資産に関するニーズへの対応

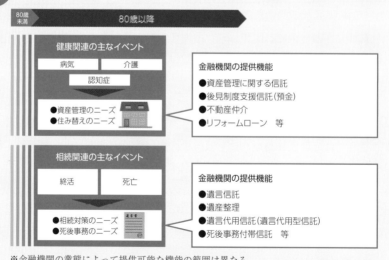

※金融機関の業態によって提供可能な機能の範囲は異なる。
（出所）三井住友トラスト・資産のミライ研究所作成

ることが推察されますが、特に、認知症については80歳以降に発症率が急伸しており、大きな社会問題となっています。

　認知症を発症すると、金融機関はトラブル防止の観点等から本人との取引を停止し、成年後見人による手続きを求めるため、親族は、本人の医療や介護のためであっても、本人口座の資金を払い出すことができません。

　一方で、成年後見制度については、「約8割のケースで成年後見人に親族以外の専門職（弁護士や司法書士など）が選任されていること」や、「月額数万円の報酬支払い」「利用を開始すると実質的には中断ができないこと」等を理由として、親族からは制度の利用を躊躇する声も聞かれていますが、最も重要な視点は、本人の希望がみえないということです。そこで、親族の混乱を回避するため、本人が健常なうちに認知症発症後の自らの資産の管理方法を定めておこうとする方々が増えています。

　具体的な方法としては、あらかじめ自らが選んだ後見人を定めておく任意後見制度や、親族等に財産を信託し管理を委ねる民事信託（家族信託）、認知症発症後の成年後見制度利用にあたっての希望を親族に伝えておくこと等

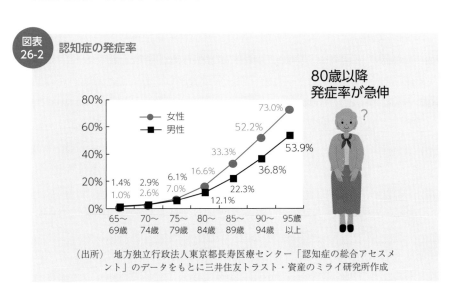

図表 26-2 認知症の発症率

80歳以降
発症率が急伸

女性
男性

80%
60%
40%
20%
0%

73.0%
52.2%
33.3%
16.6%
6.1%　　　　　　　　53.9%
2.9%　　　　　　36.8%
1.4%　　7.0%　22.3%
1.0%　2.6%　12.1%

65〜69歳　70〜74歳　75〜79歳　80〜84歳　85〜89歳　90〜94歳　95歳以上

（出所）　地方独立行政法人東京都長寿医療センター「認知症の総合アセスメント」のデータをもとに三井住友トラスト・資産のミライ研究所作成

があります。また、信託銀行が取扱いを開始した手続代理機能付きの金銭信託のニーズも高まっています。この信託は、一定の金銭を信託するとともに、あらかじめ親族等を認知症発症後等の払出しの手続代理人として定めておくもので、対象財産は金銭のみですが、比較的安価な手数料で利用できるため普及しつつあります。

　また、80歳以降は、健康状態の変化に伴う住替えニーズもより鮮明になります。本人の自立の程度によって、サービス介助付高齢者住宅や老人ホームへの入居、親族との同居、自宅のバリアフリーリフォーム等が選択肢となりますが、信託銀行は不動産業務も含め幅広い業務を取り扱っていますので、住替えの分野でも相談窓口の候補となるでしょう。

◉ 相続関連の主なライフイベントと資産に関するニーズへの対応

　相続対策は、「相続手続対策」「遺産分割対策」「納税対策」の３種に分けられますが、いずれも信託銀行等が取り扱う遺言信託によって対応することが可能です。

　「相続手続対策」は、相続発生以降の、相続財産の把握や納税、相続人への財産の帰属に関する諸手続きの膨大な事務作業の負担に関するものですが、遺言信託において遺言執行者を信託銀行等としておくことで、一連の手続きを任せることができます。なお、信託銀行は遺言信託以外にも、相続人からの発注を受けて相続手続きを行う遺産整理業務を取り扱っています（信託銀行等では、遺言信託のほかにも、葬儀代等に充てるまとまった金額を、あらかじめ定められた親族等へ相続手続きを経ずにスムーズに給付する遺言代用信託（遺言代用型信託）を取り扱っています）。

　「遺産分割対策」は、親族間でのいわゆる「争族」の防止に関するものですが、被相続人が公正証書遺言等によって遺志を明示しておくことで争いを回避することができます。なお、遺言内容については相続人の遺留分を考慮しておくことがいわゆる「争族」を回避するうえでの重要なポイントとなる

と多くの実務家が指摘しています。

　「納税対策」は、不動産や生命保険等の活用、納税に充てるための資金の確保に関するもので、遺言の作成による相続財産全体の把握を通じて最適な財産の保有形態を検討していきます。

　また、近年は、身寄りがない、または身寄りはあるが縁が遠いため頼りたくないといった高齢者が増加しており、こうした高齢者においては、財産の相続だけでなく、葬儀や埋葬、遺品整理等の一連の死後事務を委ねたいとのニーズが高まっています。一例として、三井住友信託銀行では、死後の希望を網羅するエンディングノートの提出を前提とした死後事務付帯の金銭信託（おひとりさま信託）を取り扱っており、こうしたニーズに対応しています。

Column No.5

🔲 遺言書のつくり方とその執行について教えてください

　遺言は、遺言者の意思表示のみで法的効果を発生させる一方的な行為ですが、遺言の内容は、相続人をはじめとした利害関係人や社会公共の利益にも大きな影響を与える可能性があります。このため、遺言は、民法960条において、法律の定める方式で作成しなければ効力を生じない要式行為であるとされています。

　遺言にはさまざまな作成方法がありますが、最も一般的な方法は、自筆証書遺言（民法968条）と公正証書遺言（民法969条・969条の２）の２種類です。

遺言能力

　遺言は、15歳に達した者でなければ有効な遺言を書くことはできません。また、判断能力のない者が書いた遺言は無効とされます。

自筆証書遺言の要件

　自筆証書遺言は、以下の方式にて作成しなければならないとされています（民法968条）。

図表コラム5-1　遺言書の方式

方式	備考
全文の自署	財産目録については自署でないPC等での作成・添付でも可とされます
日付の自署	〇月〇日「吉日」のような不確かな日付は不可とされます
氏名の自署	遺言者が誰であるのか特定できれば、通称や芸名も可とされます
押印	実印でない認印や拇印でも可とされます

自筆証書遺言と公正証書遺言

　自筆証書遺言は、形式不備や内容が不明確な場合が多く、後日トラブルとなることも少なくありません。一方、公正証書遺言は、2名以上の証人の立会いのもとで、遺言者が遺言の趣旨を公証人に口頭で伝え、公証人が公正証書として作成するため、手続上無効になるおそれがきわめて低く、円滑な遺言の執行に向けた安定性に優れています。

法務局による自筆証書遺言の保管制度

　2020年7月10日より、自筆証書遺言の原本を法務局が保管する制度が始まりました。

　自筆証書遺言については、遺言者死亡後に家庭裁判所へ遺言を提出し、遺言内容の明確化や相続人への連絡等を行う「検認」（遺言書の証拠保全手続き）を受けることが必要となりますが、本保管制度を利用する場合は不要とされます。

信託銀行の遺言信託

　信託銀行の遺言信託は、公正証書遺言に関する手続きを総合的にサポートする商品です。顧客の「生前」において、遺言に係る相談を受け、相談内容に基づいた遺言の作成を支援し、作成された遺言書の正本を保管します。そして、顧客の「死亡後」は、相続人へ遺言書を開示のうえ、信託銀行が遺言執行者に就任し、遺言を執行します。

　遺言は遺言執行者によってきちんと執行されなければ意味をなしませんが、遺言信託は事業の継続性や安定性に優れた信託銀行がこれを担うことから、着実な執行が期待されます。

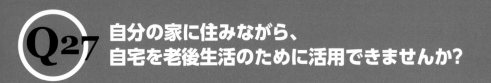

自分の家に住みながら、自宅を老後生活のために活用できませんか?

人生100年時代とも呼ばれる長寿社会を迎えたことにより、長期化した老後の生活資金の確保が社会的課題となっています。

老後生活の開始時点での資産が限られる方々は、生活水準の切下げや高齢就労などが主な対策の選択肢となりますが、一方で、資産のある方々が一律に安心なのかというとそうではなく、たとえば、資産はあるけれどもその大部分を自宅不動産が占めている場合には、やはり何らかの対策が必要となってきます。

こうした方々は、自宅不動産の売却による生活資金の捻出という抜本的な解決策も考えられますが、「愛着のある住み慣れたわが家を手放すこと」や「地域のコミュニティを失うこと」「新たな住まいや生活圏を探す負担感や不安」などから躊躇されるため、リバース・モーゲージやリースバックといった手法が注目を集めています。

● リバース・モーゲージとは?

リバース・モーゲージとは、自宅不動産を担保として金融機関や公的機関から借入れを行う住宅ローン制度の一種です。自宅に住み続けながら生活資金を確保できます。

借入形態はさまざまあり、年金式や一括支払い、限度枠内での自由引出方式などがあります。返済は原則として借入人の死亡時や契約期間満了時の一括返済とされ、担保不動産の売却金または現金(借入人死亡時は相続人や保証人が工面)が充てられます。借入金の資金使途は原則として自由であるため、生活資金の補完に活用できますが、事業性資金とすることや投資に充てることは認めません。

民間金融機関のリバース・モーゲージは、資金回収の確実性の要請から、自宅不動産の土地の担保価値や流動性に着目しており、都市圏のエリア限定で取り扱っている場合が多くなっています。また、借入金で生活費がまかなえなくなる借入人サイドのリスクも考慮して、若年者の利用を不可とする60歳以上などの年齢制限を行っています。

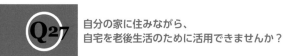

◉ リースバックとは？

　リースバックとは、所有不動産を投資家や専門会社などの第三者へ売却するとともに、引き続き自宅に住み続けるための賃貸契約を締結する仕組みをいいます。

　リースバックの売却金の資金使途は自由であるため事業資金としても活用でき、また、利用にあたっての年齢制限もありませんが、売却価格が相場よりも安くなる傾向にあることや、賃貸契約には期限が設けられることなどについて留意が必要です。

第 5 章

安心できる
ミライに備えるために活用できる
「資産形成」支援制度のはなし

Q28 年金（公的・企業・個人）制度について、その全体像を教えてください

A28

◉ 三層構造となっている日本の年金制度

　日本の企業年金制度は、厚生年金など働き方に応じて全国民が加入する公的年金、勤務先が運営する企業年金および各個人が加入する個人年金の三層構造となっています。具体的には働き方などに応じて、適用される、または加入可能な制度は、図表28-1のとおりです。

　年金制度は一般に、やや複雑でむずかしいと感じる方も多いと思われます。ここでは、掛金と給付の仕組みなどの基本的事項や概略を解説します。

◉ 公的年金の仕組みはどうなっている？

　公的年金は、原則として20歳以上60歳未満の全国民が加入する「国民年金（基礎年金）」と70歳未満の民間被用者・公務員・私学教職員などが加入する「厚生年金保険」から構成されており、いずれも政府（日本年金機構）が運営するものです。国民年金は、その保険料の納付期間に応じて原則

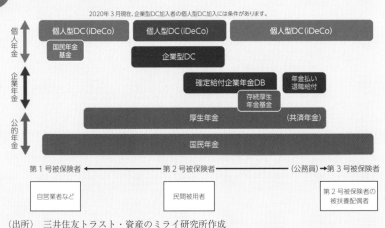

図表28-1　日本の年金制度の概要

（出所）　三井住友トラスト・資産のミライ研究所作成

65歳から支給され、40年間納付した場合には、老齢基礎年金として年額781,700円が終身支給されます（2020年４月時点）。

　厚生年金保険は、給与や賞与に基づく標準報酬に18.3％を乗じて算出される保険料を本人と事業主が折半で負担します（国民年金の保険料はその中に含みます）。受け取る額（終身支給）についても、その平均標準報酬に比例して計算される額となります。納付額は毎月の給与明細に、現在までの納付額に基づく老齢厚生年金の受取予想額は「ねんきん定期便」に記載されていますので、一度、確認してみることをお勧めします。

　なお、厚生労働省の試算では、老齢厚生年金・老齢基礎年金の合計額は夫婦２人の平均で月額約22万円とされています。公的年金は国の制度であり、障害・死亡時の給付や支給開始年齢の繰下げや繰延べ、加給年金といった制度設計が詳細に定められています。公的年金はセカンドライフにおける重要な収入の基盤であり、ライフプランにきわめて大きな影響を与えますので、さらに詳しく知りたい方は、ねんきん定期便や日本年金機構のHPなどの各種情報を参照してみてください。

● 企業年金とは？

　企業年金は、名前のとおり、勤め先の企業が実施する年金制度です。日本の多くの企業では、退職金制度と企業年金とは密接な関係があります。企業年金は、一般的には退職金制度の一部として運営されていることが多く、企業年金がある場合には、従業員は退職した後に一時金または年金として受け取ることができます（図表28－２）。

　また、主な企業年金として、確定給付企業年金（DB）と企業型確定拠出年金（DC）の２通りがあります。図表28－３に主な特徴をまとめていますが、企業によって異なる部分もあるので、詳しくは勤務先で確認するのがよいでしょう。

Q28 年金（公的・企業・個人）制度について、
その全体像を教えてください

退職金と企業年金の関係イメージ（一部の例）

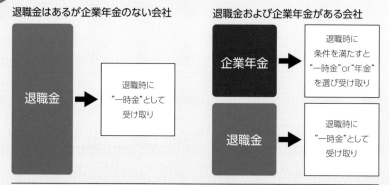

退職金はあるが企業年金のない会社

退職金 → 退職時に"一時金"として受け取り

退職金および企業年金がある会社

企業年金 → 退職時に条件を満たすと"一時金"or"年金"を選び受け取り

退職金 → 退職時に"一時金"として受け取り

退職金や企業年金のそもそもの有無に加え、その水準や割合なども会社ごとに異なります

（出所）　三井住友トラスト・資産のミライ研究所作成

確定給付企業年金（DB）と企業型確定拠出年金（DC）

	確定給付企業年金 (DB)	企業型確定拠出年金 (DC)
制度の概要	会社・基金が運営。規約に定められたルールで支給される金額が決定される。	自分自身で専用口座の資金を運用し、将来受け取る。
掛金の負担	原則会社（例外的に本人拠出がある規約もある）。	原則会社。規約によっては本人が拠出することも可能。
支給開始・支給期間	退職時に支給。規約に定める条件を満たすと規約に定める期間、年金として受け取ることも可能。	原則60歳以降受け取りが可能（例外あり）。

（注）　公務員の年金払い退職給付は、確定給付企業年金に類似した制度です。
（出所）　三井住友トラスト・資産のミライ研究所作成

◉ 個人年金とは？

　第１号被保険者が国民年金の上乗せとして加入できる国民年金基金や加入できる範囲が広がった個人型確定拠出年金（iDeCo）がその代表的な制度ですが、そのほかにも、生命保険会社の商品として提供されているものもあります。いずれも公的年金だけでは不足する額を、あらかじめ自らの負担で積み立てるものです。

　なお、企業型確定拠出年金（DC）は原則として企業が掛金を負担しますが（図表28－3）、勤務先の確定拠出年金（DC）の制度内容によっては、自分自身で掛金を追加で拠出することも可能であり、個人年金としての性格も有しています。

　Q31では、加入要件が緩和され、加入する方が増えている個人型確定拠出年金（iDeCo）について取り上げます。

◉ 年金制度の現状

　日本の公的年金制度は、賦課方式（今、年金を受給している人への給付を現役世代の負担する保険料でまかなう仕組み）に近い仕組みのため、少子高齢化が深刻な影響を及ぼしています。マクロ経済スライドといった給付を抑制する仕組みが取り入れられており、国の試算では約30年後には、公的年金の実質受取額は、約２割程度減少するとされています（平成26年財政検証結果）。企業年金の積増しも、企業への新たな負担を伴うため、現状では期待しにくく、ますます自助努力が必要な環境になっていると考えられます。

　したがって、確定拠出年金（DC）などを計画的に活用していくことがより重要になると思われます。

自分が受け取る（予定の）公的年金の支給額を知りたいのですが？

人それぞれ異なる公的年金の支給額

　セカンドライフのマネープランについては、収入と支出がどのくらいになるかを考えることとなりますが、引き続き勤務することなどで得られる給与所得を除くと、年金が収入の柱となります。年金のなかでも公的年金については、支給される期間・金額ともに影響が大きいことから、ご自身の年金額を把握することが重要です。

　一般には、サラリーマン・専業主婦（夫）世帯のモデル金額などで示されていることが多いですが、現役期間の勤務形態や家族構成などによって当然に金額は相違します。ここでは、皆さんがご自身の公的年金額を把握するために、どうすればよいかをご説明させていただきます。

　公的年金である厚生年金や国民年金の加入者には、毎年の誕生月（または前月）にご自身の年金記録が記載された「ねんきん定期便」が送られてきますので、一度はご覧になられた方も多いと思います。

　このねんきん定期便は、年齢によって「ハガキ」であったり「封書」であったり、内容も若干異なっています。

　定期便に記載されている項目や数字については、日本年金機構が開設している「ねんきんネット」などに細かく解説されています。50歳未満の人へのお知らせには、これまでに支払った保険料に基づく年金、50歳以上の人には、60歳までこのまま公的年金に加入し続けた場合の年金見込み額が示されています。つまり50歳未満の人は、これから納付する保険料による年金額の増加は反映されていませんので、一般にいわれているモデル金額よりも少ない金額が表示されていますが、少ないと慌てる必要はありません（過去の記録に漏れや間違いがないか確認することが主な目的となっています）。なお、「ねんきんネット」に登録することで、入力した条件に応じた将来の年金額を試算することもできます（ねんきん定期便に記載されているアクセスキーを使うと、より簡単に登録ができます）。

なお、あくまで本人の年金額を示すものであり、一定の条件のもとで扶養手当的に加算支給される加給年金額も示されませんので、世帯全体でライフプランを考える場合には、合算して計算することが必要です。とはいえ、公的年金の概要について把握できますので、ねんきん定期便が届く年１回の機会をライフプランを考え直す・点検するタイミングとしてみてはいかがでしょうか？

　ただし、公的年金は、毎年支給額の改定が行われています。毎年の賃金・物価の変動に応じて支給額が調整されるほか、少子高齢化による年金財政の悪化を抑制するためにマクロ経済スライドという仕組みが導入されています。このマクロ経済スライドにより、将来の年金額の実質的な価値は減少していくことが見込まれています（平成26年財政検証では、将来の経済予測によって数値は変わりますが、約30年後におおよそ２割程度減少するとされています）。

　したがって、ライフプランを考えるうえでは、この公的年金が減少していくことも織り込んだ計画を立てる必要が出てきます。

　そこで、勤務先の企業年金制度や個人年金から、どの程度の年金等が受け取れるのかも確認しておきたいところですが、企業年金については会社によって制度の有無や金額の多寡などが異なります。会社の就業規則等に詳細が記載されていますが、自身の金額等を把握することは、ややむずかしいため、会社がライフプランセミナーなどを開催している場合には、そちらに参加することなどによって理解を深めるとよいでしょう。企業年金制度のなかでも、確定拠出年金（DC）制度（個人で加入する場合には、iDeCo）については、個々人が年金資産を管理運用していますので、取扱金融機関（運営管理機関といいます）のWEBサイトや少なくとも年１回送られてくる各種の「お知らせ」によって確認することが可能です。

Q29 「資産形成」を支援する国の制度には どのようなものがありますか？ その全体像を

A 29

日本における家計の「資産形成」を支援する制度について、

・家計の主たる担い手が「自助努力」で資産形成を進めることを支援する制度

・他の世代からの支援を受けることで資産形成を促す制度

に整理して俯瞰してみます。

◉ 自助努力を支援する制度について

　資産形成に取り組むうえで大前提となるのは、個々人が「自助努力で資産形成を進めることが今後のライフイベントを充実させ安心できるミライを迎えるために必要であること」を自分ごととして認識することですが、その必要性や重要性に気付いたときには「資産形成への行動」に踏み出していくための動機づけ（インセンティブ）がポイントになってきます。

　この動機づけとしては、一般的に「税制面での優遇措置」と「行動面での利便性供与」が有効といわれています。

　「税制面での優遇措置」とは、具体的には、「資産形成のために本人が拠出した資金については所得から控除する」「拠出した資金を運用した場合、運用益について課税しない（非課税扱い）」などです。

　「行動面の利便性供与」とは、いざ資産形成をしようと思った時に、障害となりかねない手続きの複雑さを簡便にすることです。たとえば、手続きとして「自分の給与振込口座から資産形成する金額を引き出す」「資産形成しようと思う商品やサービスに引き出した金額を入金する」「どのような運用をするか、都度指定する」「資産形成に回した資金について税制面の優遇措置を適用するための必要書類を請求し、所定の手続きを自分で行う」というものだとすると、いくら優遇措置が厚いといっても「こんなに手間だと、ちょっとね……」としり込みするケースも多くあると思われます。

　利用できる制度について具体的にみてみると、上記の観点を兼ね備えていることが多くあります（図表29-1）。

図表
29-1
代表的な資産形成の支援制度

制度		税制優遇		利便性
		効果	内容	
確定拠出年金	個人型DC (愛称：iDeCo)	◎	・掛金が全額所得控除 ・運用益が非課税 ・資金受取時の所得控除	○ 指定口座から毎月振替
財形貯蓄	一般財形貯蓄	×	なし	◎ 勤務先の企業・団体が 制度を実施・運営し、 加入者給与・賞与から 天引きして積み立て
	財形住宅貯蓄	○	運用益が非課税	
	財形年金貯蓄			
NISA (少額投資 非課税制度)	NISA	○	運用益が非課税	△ NISA口座で 本人購入
	つみたてNISA			○ 指定口座から毎月振替

(出所) 三井住友トラスト・資産のミライ研究所作成

● 他の世代からの支援を促進する制度について

　他の世代からの支援を受けることで資産形成を促進する制度として、「贈与に関する非課税制度」があります。これらは、主に、人生の大きなライフイベントへの取組みを終えて、ある程度の資産形成ができている祖父母・親世代から、これから大きなライフイベントに取り組んでいこうとしている子・孫世代への支援が目的の制度です。

　人生における節目のライフイベント、大きなライフイベントに対して世代をまたいでの資金援助を行うにあたって、一定の条件を満たすことで贈与税を一定の範囲で非課税の取扱いにすることにより、世代間の資産移転を円滑に進めることを目的としています（主な制度については図表29－2を参照）。

　たとえば、祖父母、両親など、前の世代から次の世代に対する贈与の特例として、「教育資金の一括贈与に係る贈与税の非課税措置」があります。

2013年のスタート以来、2020年3月には累計契約数約23万件、累計贈与財産額は約1兆7,000億円と大変活発に制度が利用されています。国も、祖父母や両親の資産を早期に若年世代に移転させることで、経済を活性化させるという制度設立趣旨が十分に理解され、活用されている制度の1つと考えているようです。

図表 29-2 主な贈与制度の概要

制度		贈る側と受ける側（誰から誰へ）	内容
暦年贈与	毎年一定額を支援したい	＜一般的には＞祖父母・親から子・孫へ	贈与について1年間に110万円以内であれば贈与税が課税されない（基礎控除）
教育資金の一括贈与	教育資金をまとまった金額で支援したい	祖父母・親から直系かつ30歳未満の子・孫等へ	・贈与を受けるのは直系かつ30歳未満の子・孫等であること（受贈者の所得制限あり） ・教育資金に限定されること ・金融機関との一定の契約を行い教育資金口座の開設等をすること ・対象者1人当り最大1,500万円まで贈与税が非課税
結婚・子育て資金の一括贈与	結婚・子育て資金をまとまった金額で支援したい	祖父母・親から直系かつ20歳以上50歳未満の子・孫等へ	・贈与を受けるのは直系かつ20歳以上50歳未満の子・孫等であること（受贈者の所得制限あり） ・結婚・子育て資金に限定されること ・金融機関等との一定の契約に基づきを当該資金口座を開設すること ・1,000万円まで贈与税が非課税
住宅取得資金の贈与	住宅取得の支援をしたい	祖父母・親から直系かつ20歳以上の子・孫等へ	・贈与を受けるのは直系の子・孫等であること（受贈者の所得制限あり） ・贈与を受けた年の翌年3月15日までに住宅を新築や取得していること ・贈与を受けた年の翌年3月15日までにその家屋に居住することまたは遅滞なく居住することが見込まれること ・非課税となる金額は住宅の種類や契約日によって異なる

（注）制度概要は2020年9月現在のもの
（出所）三井住友トラスト・資産のミライ研究所作成

Q30 「確定拠出年金（DC）制度」の概要と 申込方法を教えてください

◉ 確定拠出年金（DC）の仕組み

　確定拠出年金はDCと呼ばれますが、Defined Contributionの略であり、掛金建ての制度であることを意味しています。一方で、代表的なもう１つの企業年金である確定給付企業年金（DB）は、Defined Benefitの略であり、給付が規約で定義されている給付建ての制度であることを意味しています。

　日本におけるDCは2001年に法施行された比較的歴史の浅い制度ですが、米国では401kプランとして1980年代から導入が進み、日本でも当初は日本版401kともいわれました。現在のDC加入者は約724万人（2020年３月末日・厚生労働省HP）に達しており、日本においても、新たに導入されるケースや、退職金やDB（の一部）にかわって採用されるなど、急速に導入が進んでいます。

　DCは、掛金の負担者によって、大きく２つに分類されます。企業が、退職金制度の一部や福利厚生制度として実施・運営する企業型DCと個人が取

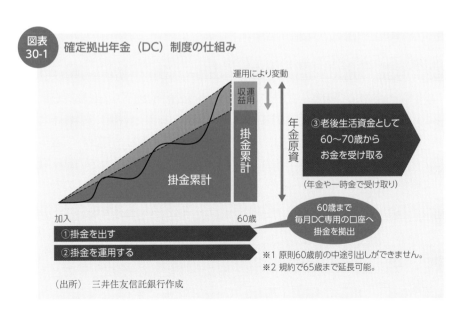

図表 30-1　確定拠出年金（DC）制度の仕組み

運用により変動

収益用 運用

掛金累計

年金原資

③老後生活資金として 60〜70歳から お金を受け取る

掛金累計

（年金や一時金で受け取り）

加入　　　　　　　　　　60歳

60歳まで 毎月DC専用の口座へ 掛金を拠出

①掛金を出す

②掛金を運用する

※１ 原則60歳前の中途引出しができません。
※２ 規約で65歳まで延長可能。

（出所）　三井住友信託銀行作成

扱金融機関に自己の判断で申し込む個人型DC（通称iDeCo）です。

ここでは企業型DCを取り上げますが、まずは両者に共通するDCの基本的な仕組みをご説明します。

DCの基本的な仕組みは、実は単純で、①掛金を会社（および本人）が出し、その掛金を②本人が運用し、将来60歳以降になったら、③年金や一時金で受け取るというものです。運用中のお金は一般の銀行預金などと異なりDC専用の口座で管理します。

最大の特徴は、②本人が運用することにありますが、実際には定期預金や保険商品といった元本確保型の商品または投資信託を組み合わせて運用します（運用商品はラインナップされた商品のなかから各人が任意で選びます）。加入する方のなかには運用が初めてという方もいるため、企業型DCの場合、実施する企業には、加入対象者に対して「投資教育」を行う義務があります。すでに加入している方も、DC口座を管理する運営管理機関が提供するWEBサイトや残高のお知らせなどの送付物に目を通したり、コールセンターに問い合わせることで、運用利回りや保有している投資信託の運用実績などをあらためて確認してみてはいかがでしょうか？

◉ 確定拠出年金を活用するメリット

Q28でも触れていますが、少子高齢化に伴う公的年金の縮小を勘案し、国としてもDCの普及に力を入れています。具体的には、税制面での優遇があります。DCは掛金が非課税扱いとなり、加えて運用収益も非課税となっています。受取り時にも、一時金で受け取る場合には控除の大きい退職所得、年金として受け取る場合にも、公的年金等控除の対象となりますので、セカンドライフ資金の充実を考える場合の最有力候補となる制度といえます。

特に、加入者掛金（マッチング拠出）という加入者本人が拠出できる規約となっている場合には、本人が拠出する掛金は所得控除の対象となることは見逃せません。たとえば、月1万円を加入者掛金として拠出した場合には、

給与所得課税が20%とすると、10年間で総額120万円の20％＝24万円の節税効果が拠出時点において生じることになります。

　なお、60歳以前に転職した場合、次の企業がDC制度を実施している場合には、そのDCに加入することができます。もし実施していない場合でも、個人型DCへ移換し、拠出・運用を継続することができます。

　なお、企業型DCの加入資格があり加入を検討する場合、または加入者掛金の拠出開始を検討する場合、それぞれの会社ごとに申込みのタイミング・期日が設定されていることが一般的です。具体的には、DC規約に定められていますので、規約を確認するか企業の担当部署などに相談されるとよいでしょう。

A 31

◉ 国も普及に注力

　企業にお勤めではない、あるいは企業に勤めていても企業型DCのない会社の従業員を対象者として個人型DCが導入されました。その後個人型DCの加入対象者は、法改正を重ねて順次拡大され、国としても普及に注力しています。2017年には、条件付きながらも企業型DC加入者にも加入対象資格を拡大し、愛称もiDeCo（individual-type Defined Contribution）となり、普及が進んでいます。

　iDeCoそのものの仕組みはQ30で取り上げた企業型DCと同じですが、個人が金融機関に申込みを行うものであり、企業型DCで実施されるような「投資教育」は個人で受ける必要があり、口座管理の費用なども個人負担となっています。

　前出のとおり、前回の法改正により、2017年から公務員や企業型DCを実施していない民間企業の従業員もiDeCoに加入し、かつ掛金を拠出することができるようになりました。従来は、企業型DCの加入者が、DBを実施している企業に転職した場合などには、以降は掛金が出せないといった問題がありましたが、現在では転職先の制度内容を気にすることなく、DCへの積み立てを通じたライフプランを考え、実践できるようになっています。

　また、現在の加入対象者と、拠出限度額は図表31－1のとおりとなっています。2020年5月に法改正が成立し、企業型DCの加入者がより柔軟にiDeCoを活用できるようになりました。現在は、企業型DCの加入者がiDeCoに入ることができるかどうかは、企業型DCの規約に定められていますが、今般の法改正により、2022年10月から規約の内容にかかわらず、iDeCoに加入できるようになります。なお、双方に加入する場合には、iDeCoの費用は自身の追加負担となることに、注意が必要です。

　多くの金融機関がiDeCoを取り扱っており、どの金融機関に申し込むかは個人の自由です。金融機関ごとに取扱商品や手数料などで差があります。企業型DCと異なり、加入時期も任意となっていますので、新たにiDeCoに

加入される方は、各金融機関のWEBサイトなどを確認しながら検討するとよいでしょう。すでに企業型DCに加入されている場合は、現在の運営管理機関のコールセンターなどに問い合わせるとスムーズに進むと思われます。

図表 31-1 確定拠出年金（DC）の加入対象者と拠出限度額（2020年3月現在）

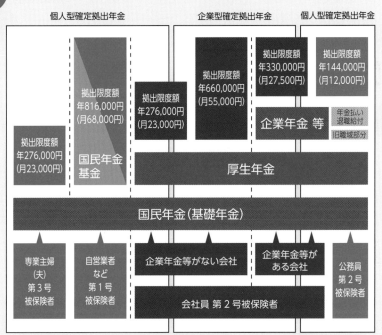

企業型DCの規約に定めがある場合に限り、企業型DCに加え個人型DCにも加入することができます。その場合の拠出限度額は企業年金等がない会社では企業型DC年額420,000円（月額35,000円）、個人型DC年額240,000円（月額20,000円）に、企業年金等がある会社では企業型DC年額186,000円（月額15,500円）、個人型DC年額144,000円（月額12,000円）となります。

（出所）　三井住友信託銀行作成

Q32 「財形貯蓄制度」の概要と申込方法を教えてください

A32

◉ 給与天引きで知らない間に貯まっている「財形貯蓄制度」

「財形貯蓄制度」は、勤務先が従業員のために準備している積立制度の1つです。給与天引きで積み立てをすることができるため、一度設定すれば、自動的にお金を貯めていく仕組みをつくることができます。勤務先は、従業員が設定した金額を給与から毎月天引きし、これを財形貯蓄取扱いの金融機関に払い込みます。財形貯蓄は、従業員のライフイベント（結婚や住宅購入、老後など）で必要となる資金づくりを支援することを目的に導入されています。

図表 32-1　ニーズ別に財形貯蓄制度は3種類

財形貯蓄の3つの種類

一般財形　使い道が自由

こんな方におすすめ
- 旅行・レジャーにお金をかけたいが無理なく貯めたい
- 数年後に結婚を考えており、それまでに資金を準備しておきたい
- 将来、子供が生まれたときの教育費を早めに準備しておきたい

住宅財形　マイホームの取得資金など

こんな方におすすめ
- 将来は一戸建てが欲しいので、有利な条件で確実に頭金を準備したい
- 子供が増えたら少し手狭になりそうなので、将来はリフォームを考えたい

年金財形　退職後（60歳以降）に年金として受け取ることを目的

こんな方におすすめ
- 公的年金だけでは老後の生活が少し不安
- 「第2の人生」は、できれば余裕のある生活がしたい

「住宅財形」と「年金財形」は貯めた資金の使い道が限定される反面、合算して元本550万円までの利子について非課税となるメリットがあります！ただし、目的外の解約・払出しは課税の対象となります。

（出所）　三井住友信託銀行作成

財形貯蓄制度には、「一般財形」「住宅財形」「年金財形」の3種類があり、それぞれ積立ての目的に応じて選択することが可能です（図表32-1、32-2）。

もう少し、細かく制度の概要をみてみましょう。

整理すると、以下が財形貯蓄を考える際のポイントとなります。

・給与天引きで自動的に貯まる仕組みができる（⇒毎月手続きをしなくても、一度の設定で後は自動的に貯まっています。なかなか日々の生活が忙しく、手続きをとれない方にお勧め）。

・目的に応じた資産形成ができる。

・預金は元本550万円まで利子が非課税（⇒通常は利息などに20.315％の税金がかかりますが、住宅財形と年金財形は条件を満たせば非課税となります。

図表 32-2　財形貯蓄制度の概要（一覧表）

制度	住宅資金を準備する制度	セカンドライフ資金を準備する制度	さまざまなライフイベント資金を準備する制度
	住宅財形	年金財形	一般財形
利用方法	給与および賞与から天引き		
制度の特徴	目的（住宅取得・セカンドライフ資金）に応じた積み立てが可能		目的を問わず、積み立てが可能
加入条件	満55歳未満の勤労者		勤労者
積立期間	5年以上		3年以上
非課税条件	預金などは元本550万円まで 保険などは払込額385万円まで	預金などは元本550万円まで 保険などは払込額385万円まで	税優遇なし
特徴	・住宅財形と年金財形を合算して元利合計550万円まで非課税 ・条件を満たさなかった場合は（＝目的外払出し）は、5年間をさかのぼって利息の全額に課税		・貯蓄開始から1年以上経過で払戻し可能

（出所）　三井住友信託銀行作成

ただし、現在の低金利環境下ではもともとの得られる利子が少ないので効果は限定的です）。

・住宅財形は、財形住宅融資が受けられる。

・積み立て途中で、引き出して資金を使うことができる（⇒DCやiDeCoと異なります）。

・勤務先によっては奨励金などの独自の優遇措置を準備しているところもある。

財形貯蓄を始めてみようと思われた方は、勤務先を通じて申し込む制度ですので、まずは勤務先に財形貯蓄制度があるかどうか、確認してみましょう（図表32−3）。

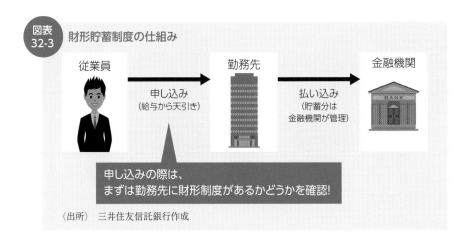

図表 32-3　財形貯蓄制度の仕組み

従業員　　　　　　　　勤務先　　　　　　　　金融機関

申し込み
（給与から天引き）

払い込み
（貯蓄分は
金融機関が管理）

申し込みの際は、
まずは勤務先に財形制度があるかどうかを確認!

（出所）　三井住友信託銀行作成

Q33 「NISA（ニーサ）（少額投資非課税制度）」とは、どのような制度ですか?

● 日本が推進する資産形成支援制度NISA

A 33

　「NISA（ニーサ）」は、日本にお住まいの20歳以上の方が利用できる少額投資非課税制度です。

　銀行や証券会社などの金融機関で、少額投資非課税口座（NISA口座）を開設して上場株式や株式投資信託等を購入すると、本来20.315％課税される配当金や売買益等が、非課税となります（そのため、利益が出た場合には大きなメリットを受けられます）。

　NISA制度には、現行では2種類、「NISA」「つみたてNISA」があります。毎年、「NISA」と「つみたてNISA」のどちらかを選択することができます。また、NISA制度は1つの金融機関でしか利用することができません。1年ごとに金融機関の選択ができます。

　1つひとつの特徴をふまえて、税優遇を受けながら賢く資産形成をしていきましょう。

　「NISA」の特徴としては、

　①　株式投資信託・上場株式等の配当所得・譲渡所得が非課税

　②　2016年以降は毎年120万円までの新規投資が可能

　③　非課税期間は5年間（2020年以降は最大600万円の非課税投資総額となる）

　「つみたてNISA」の特徴としては、

　①　投資方法は積立投資のみ

　②　毎年40万円までの新規投資が可能

　③　非課税期間・投資可能期間はそれぞれ20年間（最大800万円の非課税投資総額となる）

　④　投資可能な商品は一定の条件を満たした公募株式投資信託・ETF

となっています。

　それぞれに共通する留意事項としては、

　①　課税口座（特定口座・一般口座）との損益通算不可

　②　購入した年に売却した場合、その年の非課税枠の再利用は不可

Q33 141

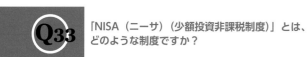

Q33 「NISA（ニーサ）（少額投資非課税制度）」とは、
どのような制度ですか？

図表
33-1

NISAの概要イメージ

2014年 2015年 2016年 2017年 2018年 2019年 2020年 2021年 2022年 2023年 ・・・・2027年

2014年 100万円 ─────────── 非課税期間5年間

2015年 2年目 100万円

2016年 3年目 120万円

2017年 4年目 120万円

2018年 5年目 120万円

2019年 6年目 120万円

2020年 7年目 120万円

2023年 10年目 120万円

非課税期間が終了しても
売却せずに移管日の時価で
翌年の非課税投資枠に
移すことができます

▲ 投資可能期間は2014年から2023年までの10年間

（出所）　三井住友信託銀行作成

図表
33-2

つみたてNISAの概要イメージ

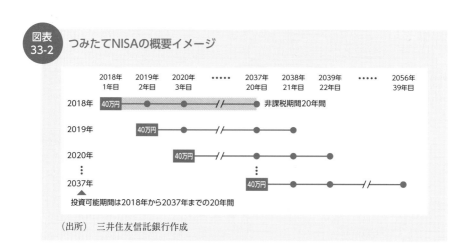

2018年 2019年 2020年 ・・・・・ 2037年 2038年 2039年 ・・・・・ 2056年
1年目 2年目 3年目   20年目 21年目 22年目   39年目

2018年 40万円 ──────── 非課税期間20年間

2019年 40万円

2020年 40万円

2037年 40万円

▲ 投資可能期間は2018年から2037年までの20年間

（出所）　三井住友信託銀行作成

③　１年ごとに金融機関の選択が可能

④　課税口座や、他社のNISA口座からの移し替えは不可

となっています。

　ちなみに、NISAは、イギリスのISA（Individual Savings Account）を手本に導入された制度で、イギリスでは国民の約４割がISAを利用し、広く対象者の資産形成・貯蓄の手段として定着しています。

　NISAのNは、NIPPON（日本）のNを意味するもので、日本で、ISAが広く普及・定着するようにとの願いが込められています。

　なお、制度改正が予定されており、2024年から新NISA制度が始まります。２階建ての制度に変更になり、投資可能期間が2028年まで５年間延長になります。つみたてNISAは投資可能期間が2042年まで５年間延長になります。

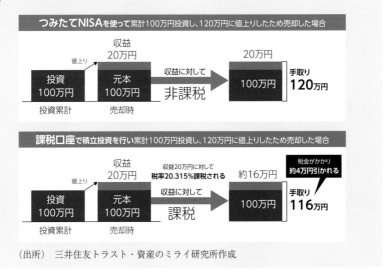

図表 33-3　投資収益が非課税となるイメージ

（出所）　三井住友トラスト・資産のミライ研究所作成

Q33 「NISA（ニーサ）（少額投資非課税制度）」とは、
どのような制度ですか？

◉ どうすれば申し込めるの？

　NISA口座は、銀行や証券会社などの金融機関を通じて申し込むことがで
きます。まずは、普通預金口座と証券総合口座を開設したうえで、NISA口
座を開設することができます（口座開設手数料は無料です）。

　いつも使っている金融機関があれば、ホームページをみていただくと、窓
口やインターネットバンキングで手続きできるなどの説明が書いてあります
ので、参考にされるとよいと思います（図表33-4）。

図表
33-4　一般的な口座開設の流れ

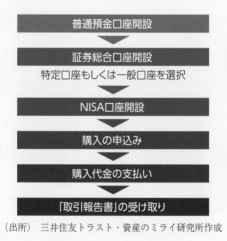

| 普通預金口座開設 |
| 証券総合口座開設 |
| 特定口座もしくは一般口座を選択 |
| NISA口座開設 |
| 購入の申込み |
| 購入代金の支払い |
| 「取引報告書」の受け取り |

（出所）　三井住友トラスト・資産のミライ研究所作成

◉ 20歳未満でも使えるNISA制度はありますか？

　2016年4月から導入された制度として、日本にお住まいの0歳から19歳の未成年者が利用可能な「ジュニアNISA（未成年者少額投資非課税制度）」があります。NISA、つみたてNISAにとどまらず、子供や孫の将来に向けた資産形成をサポートする制度として、ジュニアNISAが設定されています。

　年間の投資上限額（非課税枠）は80万円、非課税期間は5年間、運用は子供や孫にかわって親・祖父母といった親権者等が行うことなどが「NISA」「つみたてNISA」と異なります。

　なお、制度改正が予定されており、新規口座開設期間（新規投資できる期間）は2023年末までとなり、制度が終了します。

図表
33-5　ジュニアNISAのイメージ

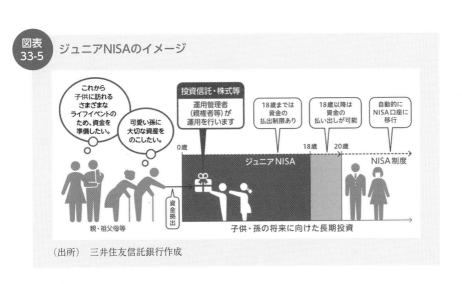

（出所）　三井住友信託銀行作成

第 6 章

安心できる
ミライに向けて活用できる
信託銀行の機能について

Q34 安心できるミライに向けて、信託銀行はどんな機能を持っているのですか？

● ライフスタイルは大きく変化、各世代の家計は自己責任へ

　第1章でも出てきた「高齢社会」のお話ですが、世界保健機関（WHO）では国の高齢化率が21％以上となった国を「超高齢社会」と定義しています。日本は2007年に超高齢社会に仲間入りし、2018年の総務省調査では28.1％となり、世界で一番の高齢社会になっています。

　日本が特徴的なのは、金融資産保有状況を年齢別にみた場合、高齢者の資産保有割合が著しく高いことです。

　金融庁が2019年6月に公表した「高齢社会における資産形成・管理」報告書においても2014年時点で金融資産の約3分の2を60歳以上が保有しており、2035年にはその比率は約7割に達するという推移見込みが示されています（図表34-1）。

　2016年9月の金融庁「平成27事務年度金融レポート」では、家計金融資

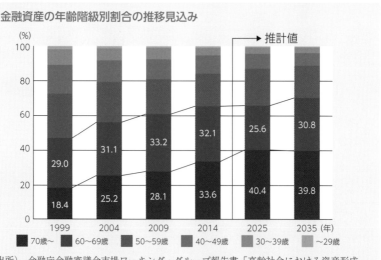

図表 34-1　金融資産の年齢階級別割合の推移見込み

（出所）　金融庁金融審議会市場ワーキング・グループ報告書「高齢社会における資産形成・管理」16頁

産総額は2015年末時点で約1,740兆円でしたので、その3分の2とすると約1,150兆円が60歳以上で保有されていることになります。

　一方、世帯構成（ライフスタイル）をみてみますと（第1章Q3に掲載）、2018年時点で核家族世帯60.4％、単身世帯27.7％、三世代世帯5.3％、その他6.6％、となっており、この50年で「三世代家族（祖父母・父母・子（孫））」の比率は10％以上減少し、その分、単身世帯や核家族世帯が増加していることが確認できます。この変化は、個人のライフプラン、マネープランにおいて、昔の「親のめんどうは（同居し家計も一にして）子がみるのが当然」から、「親のめんどうは親世帯で自己完結、自分の世帯家計は自身で自己完結」というかたちへの変化を促してきていると思われます。結果、世代をまたいだ補完関係を希薄化させていると思われ、それは「各世代が自身の家計に責任を持つ」ことが重要になってきている背景の1つと考えられます。

◉ 三世代同居世帯と核家族世帯の特徴

　従来、多くみられた「三世代同居」世帯と、現在、世帯構成で比率が増えてきている核家族世帯をライフイベントの観点から眺めてみたのが図表34－2です。

　従来の三世代同居世帯では、第1世代においては結婚、住宅購入、子供の教育、子供の独立、リタイア、シニア生活といった「典型的なライフイベント」が現われてきます。ところが、第2世代では（世帯同居を前提としていますので）第1世代にとっての一大イベントであった「住宅購入」が生じません（とはいっても戸建て等であればリフォームや増築といったイベントは想定されます）。その分を資産形成や子供の教育費、また自分の老後資金に充てることが可能となります。昔の平均寿命は70歳代でしたので、第3世代（孫子世代）が成人し結婚するころには、第1世代から第2世代への家計上の世代交代が完了しており、実質的に第2世代が第1世代に繰り上がり、第3世代は結婚後、子供の誕生、住宅建替えといったライフイベントに向かっていきます。第1世代は「住宅（土地・家屋）の購入」でしたが、第3世代は「家

図表
34-2
従来の三世代同居世帯と現在の核家族世帯のライフイベントの比較

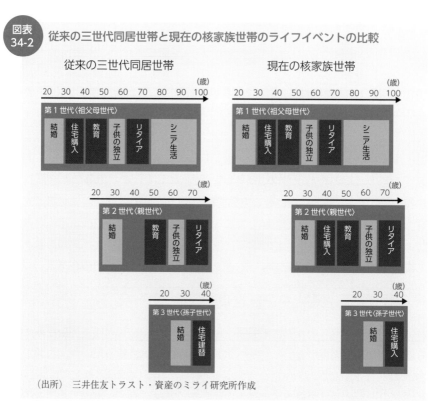

（出所）三井住友トラスト・資産のミライ研究所作成

屋の建替え」で資金負担は比較的軽くなります。

　このようにみていくと、従来型の三世代同居世帯は、完全に生計を一にしていないにしても、ライフイベントの出現時期が時間的にずれることが多いため、各世代の家計におけるキャッシュフローや資産形成進捗度に応じて、余裕のある世代から余裕がなくなってきた世代へ「世代間で金銭面の不足を補い合える」ことが特徴といえます。特に、現役世代の一大イベントである「住宅購入」への費用負担を、第2世代以降は比較的小さな負担で乗り越えることができる点は、資産形成の観点からはメリットといえるでしょう。

　これに対し、核家族世帯が中心となった現在においては、物理的にも家計

的にも前の世代から独立することから、各世代のなかでそれぞれ「人生の3大イベント（住宅取得・教育費・老後資金準備）」が生じてきます。特に世代が第2、第3と下っていけばいくほど、「人生100年時代」の本質である「長寿化」が進行すると思われますので、老後資金準備の負担額は前の世代よりも大きくなっていくことが予想されます。**「各世代で自己完結的にライフイベントに対して資産形成を図らねばならない」**というのが現在の核家族世帯中心の時代における基本原則だと思われますが、このように考えていくと、「従来型の三世代同居世帯」のほうがマネープラン的には安心できたのではないか、という思いも湧き出てきそうです。

◉ 安心できるミライに向けた世代間補完を金融面で支える信託機能

　核家族世帯・単身世帯が増加傾向にある一方で、地方から都市部への人口集中傾向や個人のプライバシー概念の変化などを考えると、かつてのような三世代同居型の家族構成の復活はむずかしいと思われます。また、ライフスタイルの多様化の進展で、今後、単身世帯数が増加していく反面、三世代世帯の比率がさらに減少することも想定されるなか、今から『サザエさん』の磯野家モデルを復活させましょう、といっても現実的ではないと思われます。

　一方で、「従来の三世代同居世帯での家計・金融面での補完機能」を活用することはできないのでしょうか。この観点から三世代同居世帯における世代間支援機能を考えてみます。

　まず、世代から次の世代への資産の移転機能があります。たとえば、第1世代が取得した住宅に第2、第3世代が住み続けることで、第2、第3世代における生涯の住居費の節約が可能となり、その分、第2、第3世代の資産形成を助長することになります。第1世代終了時に「相続」というかたちで次世代へ資産移転するケースも多くありますが、その前に先んじて資産移転を世代間で行っているともいえそうです。これは下の世代が子供の教育費で

Q34 151

困っている時には、上の世代が金銭面の支援をする、ということも含まれると思われます。

　また、第1世代がシニア世代となり、徐々に判断能力や身体機能が低下してきたときには同居している第2世代や第3世代が第1世代にかわってお金の管理をしたり介護したりしていました。こういう意思決定能力や資産管理能力をサポートする機能も三世代同居世帯で発揮されていた機能といえます。

　こうして考えてみると、物理的には「三世代同居」の復活はむずかしいかもしれませんが、当時、発揮されていた機能は、核家族世帯や単身世帯が増加している現在においても、やはり必要とされている機能だといえます。金融面でこのような機能を発揮し、利用価値が高まってきているのが「信託」の機能です。「信託」は、そこにある財（ザイ：資産として価値のあるもの）に対して、所有者の「想い」をその運用や管理のかたちに反映することができるスキームです。世代をまたぐ住宅取得費用や教育資金の支援、相続時でのスムーズな資産移転、認知症など自身の意思決定能力などが低下してくることに対する準備など、さまざまな目的に対して「信託」で解決を図ることができます。

　第1世代から、「自己完結的にライフプランを立て準備していく第2、第3世代」へ信託機能を上手に活用した世代間支援を図ったり、認知症への備えを整えたりすることが一般的な取組みになれば、本問の冒頭で確認した「高齢者層の保有金融資産」についても次の世代、その次の世代への上手な引継ぎが期待できると思われます。

　ところでこうした信託銀行ならではのソリューションについて、三井住友信託銀行のサービス、商品を例に、次のQ以降で解説していきます。これはどういう仕組みで信託が役に立つのかを読者の皆さんに、できるだけ具体的なイメージを持っていただくためであり、決して自社のサービスや特定の金融商品の提案もしくは勧誘を行うことが目的ではないことを、あらかじめお断りしておきます。

定期的に決まった金額を贈与したい場合には、どのような方法がありますか？

● 生前贈与の活用について

　日本の税制では、財産を保有している方が、他の方に資産（もしくは資産の一部）を「贈る」「与える」「引き継ぐ」場合、受け取る側に税金が課せられます。典型的なものが「相続税」「贈与税」です。

　相続税は、財産の保有者が亡くなられた際に、相続を受けた方に対して課せられる税金ですが、生きている間に資産を贈りたいケースもたくさんあります。たとえば、「子供が結婚するので支援したい」「初孫ができたので子育てを支援したい」「子世帯が住宅を購入するので頭金など当初資金の援助をしたい」「孫が理系の大学に合格したので教育資金の支援をしたい」など枚挙に暇がないくらいです。

　贈る側が存命中に、上記のような目的で贈与するケースを『生前贈与』と呼んでいます。

　生前贈与には「住宅取得等資金の贈与税の特例」「教育資金の一括贈与の特例」「結婚・子育て資金の一括贈与の特例」などさまざまな特例が設けられており、各特例の適用条件に合致する場合は一定額までなら贈与税が非課税になります。

　では、シンプルに、「毎年一定額を（目的はさまざまだが）他者に贈りたい」というケースではどうでしょうか。この場合は、贈与税の「暦年課税」が活用できます。贈与税については1年間（暦年）に贈与を受けた財産の合計額が110万円以内なら課税されません。この非課税の枠を「基礎控除」といいます。

　贈る側からみると、暦年で贈与していくことで、受け取る側に税負担をかけずに（あるいは少なくなるかたちで）資産を引き継ぐことができるということです。たとえば、暦年贈与で毎年110万円ずつ贈与してもらえば、10年間で1,100万円の資産を非課税で受け取ることができます。

　しかし、資産の渡し方はどんな方法でも大丈夫なのでしょうか。

　税制に適合していることを明確にしておけば安心です。「資産の出所」「贈

Q35

定期的に決まった金額を贈与したい場合には、
どのような方法がありますか？

与契約の有効性」「資産の管理状況」の３点について「贈与」であることを
明確にしておくことがポイントとなります。

　ポイントをふまえた暦年贈与の取組方法は以下の２つが重要です。

①　贈与者（贈る側）と受贈者（贈られる側）の意思確認

　暦年贈与は毎年単位ですので、お互いの「あげた」「貰った」という意
思を明確にするため、贈与契約書を作成します。

②　記録化

　贈与者の口座から受贈者の口座へ振込みをするなど「贈与」の事実が確
認できる記録を残しておきます。

◉ 信託銀行による暦年贈与のサポートについて

　信託銀行は資金を預かるだけではなく事務手続きを付帯したさまざまな商
品を取り扱っており、暦年贈与のサポートにも対応しています（商品名称
は、暦年贈与サポート信託、暦年贈与信託、暦年贈与型信託など）。

　三井住友信託銀行が提供している「暦年贈与サポート信託」を例に、その
仕組みと流れをみてみましょう（図表35－１）。

①　信託銀行から贈与者に「贈与契約書（白紙）」を提供し、贈与者は必
　　要事項を記入のうえ、受贈者に「贈与契約書」を渡す。

②　贈与者は、信託銀行に贈与する資金を預け入れる。

③　受贈者は受け取った「贈与契約書」に必要事項を記入（契約書の締
　　結）し、信託銀行宛てに提出する。

④　信託銀行は、提出を受けた贈与契約書に基づき、受贈者の口座へ贈与
　　資金の振込みを行い、資金異動の履歴を管理する。

⑤　①～④を毎年繰り返す（信託銀行から毎年、上記①～④の手続きを忘れ
　　ないように贈与者に案内が届く）。

　このサービスは、親族への「生前贈与」を安心して実施できるように、暦
年課税制度の条件を満たす贈与を簡単に行うことができるサービスです。信
託銀行は、資金を預かるだけでなく、毎年の贈与に関する手続きのサポート

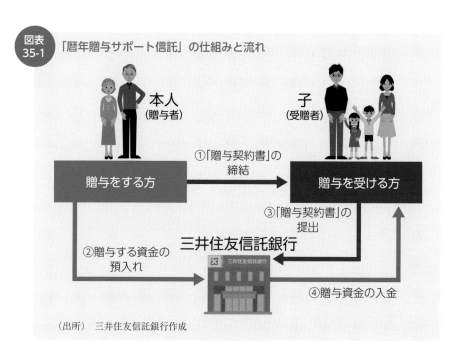

「暦年贈与サポート信託」の仕組みと流れ

本人
（贈与者）

子
（受贈者）

贈与をする方

①「贈与契約書」の
締結

贈与を受ける方

③「贈与契約書」の
提出

三井住友信託銀行

②贈与する資金の
預入れ

④贈与資金の入金

（出所）　三井住友信託銀行作成

や毎年一定の時期に「贈与契約書」や「贈与手続きに関する案内」を送付しており、贈与の機会を逸することなく実施できる仕組みになっています。また、贈与に関する報告書も信託銀行が作成し、受贈者に送付されます。現在、このサービスの利用に関しては、利用者に手数料がかからない扱いが一般的となっています。

Q36 祖父母から教育資金を支援してもらう場合には、どのような方法がありますか?

A36

◉ 教育資金はもともと非課税?

　一口に教育資金といっても、学校などの教育機関への学費納入や予備校・進学塾への支払い、水泳やピアノといった習い事など、子供の将来を考えると、できるだけ本人の希望に応えてあげたいところです。一方、子供の教育資金も「人生3大イベント」の1つに数えられており、相応の金額がかかるイベントです。もし、祖父母世代に余裕があるなら、孫の教育資金の援助を仰ぎたいところですが、「贈与税はどうなるのか?」という心配もあると思われます。

　Q35で贈与税の暦年課税方式の活用方法についてみてみました。1月1日から12月31日までの1年間では、贈与税の基礎控除額110万円までは非課税（申告も不要）なのですが、相続税法21条の3に、贈与税の非課税財産として、「扶養義務者相互間において生活費又は教育費に充てるためにした贈与により取得した財産のうち通常必要と認められるもの」という規定があります。

　夫婦や親子、兄弟姉妹などの扶養義務者から生活費や教育費に充てるために取得した財産に贈与税はかかりません。生活費とは「その人にとって通常の日常生活に必要な費用」、また、教育費とは「学費や教材費、文具費など」をいいます。なお、贈与税がかからない財産は、生活費や教育費として必要な都度直接これらに充てるためのものに限られます。したがって、生活費や教育費の名目で贈与を受けた場合であっても、それを預金したり株式や不動産などの買入資金に充てている場合には課税されます。

　ここでいわれている扶養義務者とは、

　　1. 配偶者
　　2. 直系血族および兄弟姉妹
　　3. 家庭裁判所の審判を受けて扶養義務者となった三親等内の親族
　　4. 三親等内の親族で生計を一にする者

のこととされていますので、祖父母からの生活費・教育費は贈与税がかから

ないというわけです。

　注意点としては、上記にも記載があるとおり、お金を貰うのは「必要な都度」である必要があります。**一括で祖父母からお金を受け取って預金などしてしまうと、それは贈与税の対象となります。**

◉ 一括でまとまった金額の教育資金が必要な場合は？

　しかし、教育資金も「必要な都度」ではなく「一括でまとまった金額で貰えたら安心だ」という方もいると思われます。2021年3月31日までの間であれば、「直系尊属（祖父母等）から教育資金の一括贈与を受けた場合の非課税制度（教育資金の一括贈与の非課税制度）」が利用できます。「教育資金の一括贈与の非課税制度」とは、祖父母等贈与者が、子・孫・ひ孫等（直系卑属）名義の金融機関の口座等に、教育資金として一括でお金を支出（預金）した場合、**30歳未満の子・孫・ひ孫等ごとに1,500万円または500万円までを非課税とする制度**です（ただし、前年の合計所得が1,000万円以上の子・孫・ひ孫等は、本制度の新規利用や追加贈与はできません）。

　高齢者世代の保有する資産の若い世代への移転を促進し、教育費の確保に苦心する子育て世代を支援することを目的とした、期間限定の特例措置です。非課税枠については、いくつか注意点があります。

　1,500万円まで非課税になるのは「学校等に支払われる金額」であって、スポーツクラブや習い事の月謝などは500万円が上限となっています。なお、入学金・授業料など「学校に支払うもの」が1,500万円、習い事の月謝などで500万円、合計2,000万円ではありません。

　また、「学校等」とは、通常の幼・小・中・高・大だけでなく専修学校、各種学校、保育所、保育所に類する施設、認定こども園なども含まれます。適用については自治体、学校などへ確認しておくと安心です。

　非課税の扱いとするための条件は以下のとおりです。

　①　教育資金口座の開設

　　教育資金の一括贈与の非課税制度の利用には、子・孫・ひ孫等名義の教

育資金口座を開設する必要があります。

　口座を開設した金融機関経由で、子・孫・ひ孫等の住む所轄の税務署に申告書（教育資金非課税申告書）を提出します。

②　教育資金口座からの出金

　口座からお金を出金したときは、期限までに領収書を口座を開設した金融機関等に提出する必要があります。

◉ 信託を活用した教育資金贈与について

　信託は資金を預かるだけではなく事務手続きのサポートも行えるのが特徴です。教育資金贈与も信託で取り組むことができます（名称は、「教育資金贈与信託」が一般的です）。

　教育資金贈与信託の仕組みについて、三井住友信託銀行の提供しているサービスを例としてみてみます（図表36－1）。

　非課税扱いとする条件である、①教育資金口座の開設　②教育資金口座からの出金に付随する事務取扱いを信託銀行が担います。教育資金を信託銀行に預け入れる時点で贈与を受ける方から「教育資金非課税申告書」の提出を受け、信託銀行から税務署宛てに提出します。出金（払出し）を行う際は、贈与を受けた方が信託銀行所定の払出請求書を提出することで支払請求を行い、教育関連費用の領収書等を提出いただきます。本信託については、たとえば、入学費用として500万円を預け入れし、その他の教育費は"必要な都度支払う"など使い分けるような活用方法もあると思われます。

　当初預入金額は金融機関によって異なります（三井住友信託銀行の場合、5,000円以上1,500万円以下1円単位）。また、現在、このサービスの利用に関しては、利用者に手数料がかからない扱いが一般的となっています。

図表 36-1　教育資金贈与信託の仕組みと流れ

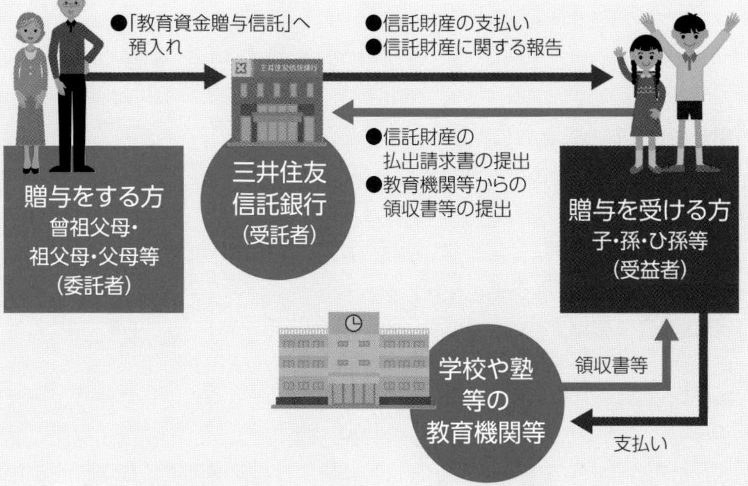

●「教育資金贈与信託」へ預入れ

●信託財産の支払い
●信託財産に関する報告

三井住友信託銀行（受託者）

●信託財産の払出請求書の提出
●教育機関等からの領収書等の提出

贈与をする方
曾祖父母・祖父母・父母等
（委託者）

贈与を受ける方
子・孫・ひ孫等
（受益者）

学校や塾等の教育機関等

領収書等

支払い

（出所）　三井住友信託銀行作成

Column No.7

□ 万一の際の葬儀費用や当面の生活資金などに
　備えるために、どのような方法がありますか？

自分が亡くなったときに家族はどうする？

　考えたくはないですが、考え出すと気にかかるのが「もし自分が急に亡くなったら、残された家族は？」という「if」です。

　配偶者の老後資金は？　子供の教育費用は？　家のローンは？　など人によって心配の種はさまざまですが、すぐに必要となるのが「葬儀費用」「病院への支払い」「相続手続きが整うまでの当面の生活資金」などです。

　これまで、自分名義の銀行口座に預金をたくさん積んでおいても、亡くなった後は口座凍結が行われるので葬儀費用として預金を引き出して使うことはできませんでした。しかし、**2019年7月の民法改正により、被相続人（亡くなった方）の預貯金の一定割合については、相続人が金融機関に払戻請求をすることで引き出すことができるようになりました**（引き出した資金については、亡くなった方の財産ですので、最終的には遺族による遺産分割協議が必要となります）。ただし、金額の上限があり、同一金融機関からの払戻しは150万円などルールがあります。

　では、上記の手段以外に、こうした事態への備えとして信託銀行の機能はどう活用できるのでしょうか。

信託銀行を活用した万一の場合の備え

　信託の仕組みでは、「財産」を信託の器に入れておき「ある条件になったら指定されたかたちで払出しに応じる」というような設定が可能です。具体的には、万一の事態への備えとして信託銀行に一定の財産を預け、受取人として家族の誰かを指定しておくと、本人が亡くなった後に、指定された家族の方からの請求に基づき財産を一括でお受け取りいただくことができます。一般的には「遺言代用信託（遺言代用型信託）」という名称で呼ばれています。

　この信託の仕組みについて、ここでは三井住友信託銀行が提供している「家族おもいやり信託〈一時金型〉」を例としてみてみます（図表コラム7－1）。

　万一の備えとする資金（100万円以上500万円以下）を信託銀行に預け入れ、

図表コラム7－1　家族おもいやり信託〈一時金型〉の仕組みと流れ

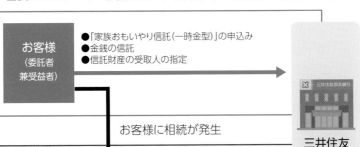

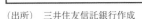

（出所）　三井住友信託銀行作成

　相続が発生した際に信託財産を受け取る方を指定します（法定相続人から1人を指定）。相続が発生した場合、指定されたご家族の方から信託銀行に支払いの請求をすることで資金の払出しが行われます。支払請求時には、信託銀行の所定書類とあわせて、ご本人の死亡確認書類（死亡診断書（写）や除籍謄本（原本）等）、請求者の本人確認書類を提出することで、迅速に信託財産を受け取ることができます。
　また、信託財産の受取人は届出により変更することも可能です。現在、このサービスの利用に関しては、利用者に手数料がかからない扱いが一般的となっています。

祖父母から結婚資金や子育てのための
資金を援助してもらう場合に、どのような

Q37 祖父母から結婚資金や子育てのための
資金を援助してもらう場合に、どのような

A37 ◉ 結婚・子育て資金の一括贈与の特例とは？

　「教育資金の一括贈与の非課税制度」についてQ36でみてきましたが、そのなかで贈与税の非課税財産として、「通常必要と認められる結婚や出産の費用は、生活費用として贈与しても課税されない」ことを確認しました。結婚資金や子育てのための資金援助についても、一括での贈与については、同じように「結婚・子育て資金の一括贈与の特例」があります。

　この特例は、将来の経済的不安から結婚・出産を躊躇している若年層について、両親や祖父母の資産を早期に移転することを通じて、子や孫の結婚・出産・子育てを支援することを目的とした特例措置です。

　2015年4月1日から2019年3月31日までの期限付措置でしたが、2019年の税制改正で適用期限が2021年3月31日まで2年間延長されることになりました。

　制度としては、受贈者（贈与を受ける子、孫等）は20歳から50歳未満で、50歳になった時点で贈与金が残っているとその残額に贈与税がかかります。また、2019年の税制改正で、受贈者の所得が1,000万円を超えると適用は受けられないものとなりました。したがって、この特例の目的は、将来の経済的不安から結婚・出産を躊躇している若年層に対して両親、祖父母が費用を一括贈与することで、不安を取り除き、背中を押す点にあるといえるでしょう。

◉ 1人につき合計1,000万円まで非課税

　結婚・子育て資金の一括贈与の特例の非課税限度額は、子や孫等1人につき1,000万円です。このうち、結婚費用に充てられるのは300万円までとなります。なお、結婚・子育て資金の「結婚」の費用とは、婚礼、披露宴費用、新居の住居費などが該当し、「子育て」は不妊治療費、妊娠中の通院費、子供の医療費、保育料などが該当します。

　注意が必要なのは、贈与者（両親や祖父母）が亡くなると、その時点で特

162　第6章　安心できるミライに向けて活用できる信託銀行の機能について

例の適用が消滅してしまうという点です。贈与者が亡くなると、受贈者が50歳未満であっても、残額はすべて相続または遺贈で受け取った財産とみなされて、相続税が課税されることになります。

　また、受贈者が50歳になった時点で、贈与金額が残っていると、その残額に贈与税がかかります。受贈者が50歳になる前に亡くなった場合には、残額に贈与税は課税されません。

◉ 結婚・子育て資金の一括贈与の特例の要件

　この特例の適用を受けるにあたっての要件は、以下のとおりです。
・直系尊属から20歳以上50歳未満の子・孫等への贈与であること
・受贈者の所得が1,000万円以内であること
・結婚や子育ての資金に使用すること
・金融機関で口座を開設すること

　金融機関で専用口座を開設した後に、贈与された金額の預入れを行う必要があります。また、このとき、受贈者から所定の申告書（結婚・子育て資金非課税申告書）を金融機関に提出する必要があります。なお、口座を開設する前に贈与者と受贈者の間で、書面による贈与契約を締結する必要があります。

　開設可能な専用口座は、受贈者1人につき1つです。一度に全額ではなく分割して預け入れることも可能です。

◉ 信託を活用した結婚・子育て資金贈与について

　信託は資金を預かるだけではなく、事務手続きのサポートも行えるのが特徴です。結婚・子育て資金贈与も信託で取り組むことができます（名称は、「結婚・子育て支援信託」が一般的です）。

　結婚・子育て支援信託の仕組みについて、ここでは三井住友信託銀行の提供しているサービスを例としてみてみます。

　非課税扱いとする条件である、①結婚・子育て資金口座の開設、②資金口

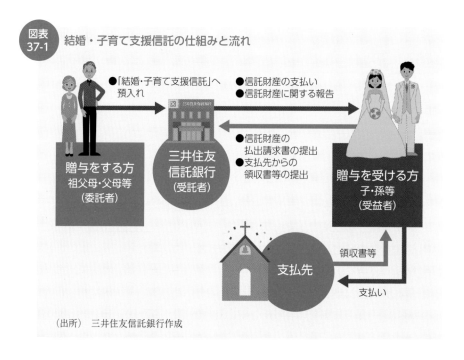

図表 37-1 結婚・子育て支援信託の仕組みと流れ

●「結婚・子育て支援信託」へ
預入れ

●信託財産の支払い
●信託財産に関する報告

●信託財産の
払出請求書の提出
●支払先からの
領収書等の提出

贈与をする方
祖父母・父母等
（委託者）

三井住友
信託銀行
（受託者）

贈与を受ける方
子・孫等
（受益者）

支払先

領収書等

支払い

（出所）　三井住友信託銀行作成

座からの出金、に付随する事務取扱いを信託銀行が担います。資金を信託銀行に預け入れる時点で贈与を受ける方から「結婚・子育て資金非課税申告書」を提出いただき、信託銀行から税務署宛てに提出します。贈与を受ける方から結婚・子育てに関する費用の領収書等と信託銀行所定の払出請求書を提出いただくことで出金（払出し）を行う仕組みです（図表37－1）。

　当初預入金額は金融機関によって異なります（三井住友信託銀行の場合、5,000円以上1,000万円以下1円単位）。また、現在、このサービスの利用に関しては、利用者に手数料がかからない扱いが一般的となっています。

Q38 相続に備えるためには、どのような方法がありますか？

そもそも、なぜ相続対策が必要なのでしょうか？　その答えには、大きく3つのポイントがあります。

◉ "争族" の増加

遺言書がない場合など、**亡くなった方の意思がわからない状態**の場合、"争族"（争う家族）が発生しやすいといわれています。また、近年は、相続人の意識が変化してきたこと（権利意識・平等意識の高まり）や、親族間の関係の希薄化も"争続"発生の要因となっています。以下の図表38−1をみても、遺産分割事件の新受件数（調停・裁判）は年々増加傾向にあることがわかります。遺言書などが存在しない場合、遺産分割を実行するには、相続人全員の同意が必要になるため、相続手続きも簡単には終わりません。

「いやいや、わが家は相続税がかかるほどの財産がないので心配ありません」と思われる方もいらっしゃるかもしれませんが、財産の多寡によって、

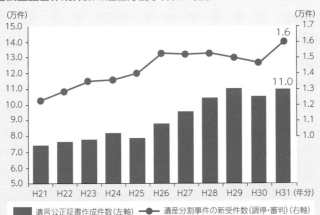

図表38-1　遺言公正証書作成件数と遺産分割事件数の推移

（出所）　裁判所「司法統計年報」・日本公証人連合会「遺言公正証書作成件数について」をもとに三井住友信託銀行が作成

Q38 相続に備えるためには、
どのような方法がありますか?

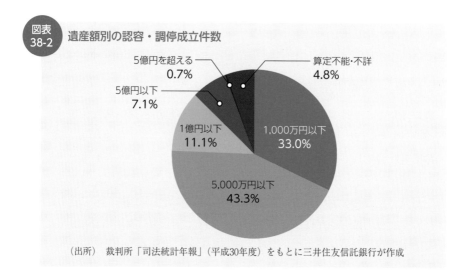

図表
38-2　遺産額別の認容・調停成立件数

5億円を超える
0.7%

算定不能・不詳
4.8%

5億円以下
7.1%

1億円以下
11.1%

1,000万円以下
33.0%

5,000万円以下
43.3%

（出所）　裁判所「司法統計年報」（平成30年度）をもとに三井住友信託銀行が作成

　"争族"が引き起こされるわけではないことは、図表38－2の遺産額別の認容・調停成立件数をみても明らかです。

　"争族"を避けるためには、資産を「誰に」「何を」「どのくらい」遺したいのか、を決めること（遺産分割対策）が必要です。一般的には、遺言や生命保険の死亡保険金受取の機能を使って、残したい方を指名して資産を承継することとなります。

◉ 相続税制の改正

　2015年1月に施行された税制改正で、相続税は増税になりました。相続税の改正点は大きく分けて2つあり、①基礎控除額が4割引下げになり、②最高税率は55%に引き上げられました。

　一方、贈与税は柔軟化され、①20歳以上の直系卑属（子や孫）への暦年贈与の税率構造の緩和、②相続時精算課税制度の受贈者を、以前の子だけではなく、孫まで対象を拡大、といった改正が行われました。

　この税制改正で、相続税の課税対象者は大幅に増加しています。

国税庁「統計年報（平成30年度）」によると、税制改正前の2014年では、相続税の課税対象者は4.4％でしたが、税制改正後で直近の2018年のデータは8.5％と約1.9倍に増加しました。相続税の納税者数は、税制改正前は約13万人だったものが、税制改正後には約26万人へと倍増しています。

　相続税を納税するのは、遺された家族です。**遺された家族が、スムーズに相続税を支払うことができるように、遺す側が、早めに納税資金の準備・対策を考えておくことが大切**です。

◉ 相続手続きの負担

　相続手続きには、期日が迫られる事項も数多くあり、また、金融機関への届出・手続きなど、相続人（平日勤務者である子供や高齢者）にとって、負担は少なくありません。

　まず相続が発生したら、7日以内に役所へ死亡届を出し、また14日以内に健康保険・公的年金（厚生年金は10日以内）の手続きを済ませます。相続放棄をする場合は、相続の開始を知ったときから3カ月以内に家庭裁判所にその旨の申述が必要となります。その間に、初七日や四十九日などの法要なども済ませなければなりません。さらに亡くなられてから4カ月以内に、亡くなられた方の所得税の申告や納付を行います。そして10カ月以内に、遺産分割協議を済ませ預貯金や不動産等の名義変更をすべて終わらせ、相続税の納付を行う必要があります。

　相続発生後は、遺産分割協議が終わるまで原則預貯金等の引き出しはできません（2019年7月1日から民法等の一部改正により預貯金の払戻し制度が始まっています。詳細は図表38－4を参照）。遺産分割協議が難航すると、葬儀費用や亡くなられた方の医療費、相続税の支払いなどに充てる費用は相続人ご自身が準備しないといけない可能性も出てきます。

　これら3つの点が、相続対策を考えるうえで留意すべきポイントですが、相続対策を考える際には、以下のように総合的に考えることが大切です。

Q38 相続に備えるためには、
どのような方法がありますか？

- **"争族"を回避する遺産分割対策として、生命保険や遺言信託を活用する**

　生命保険は、死亡保険金受取人を指定することで「お金に宛名」をつけることができます。また、遺留分を考慮しておく必要はありますが、遺言書を活用すれば、法定相続人以外にも財産を遺すことができ、かつ法定相続分と異なる財産分割も可能です。

- **相続税対策では、大切な資産をなるべく多く引き継げるよう、相続税額を確認し、節税できる点がないか確認しておく**

　生前贈与の活用、生命保険の活用、不動産の活用などがあげられます。

　生前贈与（Q35）を上手に活用し財産の一部を次の世代へ移転しておくことで、相続発生時に課税対象となる財産を減らすことができます。

　相続人が受け取る生命保険は、相続税課税財産から非課税限度額まで控除することができるため、節税効果が見込めます（非課税限度額＝500万円×法定相続人の数）。

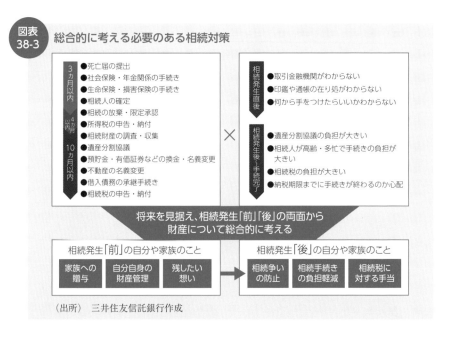

図表 38-3 総合的に考える必要のある相続対策

3カ月以内	●死亡届の提出 ●社会保険・年金関係の手続き ●生命保険・損害保険の手続き ●相続人の確定		相続発生直後	●取引金融機関がわからない ●印鑑や通帳の在り処がわからない ●何から手をつけたらいいかわからない
4カ月以内	●相続の放棄・限定承認 ●所得税の申告・納付 ●相続財産の調査・収集	×		
10カ月以内	●遺産分割協議 ●預貯金・有価証券などの換金・名義変更 ●不動産の名義変更 ●借入債務の承継手続き ●相続税の申告・納付		相続発生後～手続完了	●遺産分割協議の負担が大きい ●相続人が高齢・多忙で手続きの負担が大きい ●相続税の負担が大きい ●納税期限までに手続きが終わるのか心配

将来を見据え、相続発生「前」「後」の両面から
財産について総合的に考える

相続発生「前」の自分や家族のこと

| 家族への贈与 | 自分自身の財産管理 | 残したい想い |

相続発生「後」の自分や家族のこと

| 相続争いの防止 | 相続手続きの負担軽減 | 相続税に対する手当 |

（出所）　三井住友信託銀行作成

相続税評価額は、一般的に現預金よりも不動産のほうが低く、さらに自用よりも賃貸用のほうが低くなることから、土地の有効活用なども節税対策の１つとなります。

● **家族の当面の生活資金や葬儀費用、納税資金などのために資金準備しておく**

資金準備の面で、生命保険は、受取人による死亡保険金請求手続後、原則５営業日以内に着金するので、有効な手段の１つです（一般的な相続財産の場合は、相続発生から相続完了まで数カ月〜10カ月程度かかります）。遺言代用信託（遺言代用型信託）もスムーズな資金の受取りに有効です（P160 Column No. 7 参照）。

相続対策の検討にあたっては、一人ひとり保有する資産の状況や家族の状況が異なりますので、どのような対策が有用なのかは専門家に相談されることをお勧めします。

図表 38-4 2019年７月１日〜民法等の一部改正により創設された「預貯金の払戻し制度」

これまで

遺産分割が終了するまでの間は、相続人単独では預貯金債権の払戻しができなかった。

預金

被相続人

払戻し不可 ×

葬儀費用支払いのための資金需要

長女 長男

改正によるメリット

遺産分割における公平性を図りつつ、相続人の資金需要に対応できるよう、預貯金の払戻制度が設けられた。

(1) 預貯金債権の一定割合については、家庭裁判所の判断を経なくても金融機関の窓口における支払いを受けられるようになった。

(2) 預貯金債権に限り、家庭裁判所の仮分割の仮処分の要件が緩和された。

単独で払戻しができる額
- ●相続開始時の預金額×1/3×払戻を行う相続人の法定相続分（比率）
- ●ただし同一金融機関の払戻しの上限は150万円

預金

被相続人

払戻し可 ○

葬儀費用支払いのための資金需要

長女 長男

（出所）三井住友信託銀行作成

Q38 相続に備えるためには、
どのような方法がありますか？

◉〈参考〉遺言信託とは？

　『遺言信託』とは、信託銀行が『遺言書の作成のサポートや遺言書の保管、遺言の執行を行う』サービスの総称です。信託銀行では、遺言を検討されるにあたっての意向、相続人・受遺者、対象となる財産について十分に確認のうえ、遺言書の内容についてのご相談をお受けしています。また、ご本人の生涯設計や生前贈与等を含めた遺産承継対策の全般にわたってのアドバイスも行っています。遺言信託は、作成された遺言を執行するところまでをサポートする総合サービスです。

◉〈参考〉遺留分とは？

　遺留分制度とは、一定の相続人（以下、「遺留分権利者」といいます）について、相続財産の一定割合を相続することが民法により保障されている制度です。遺留分を侵害された相続人は、遺留分侵害額請求権を行使することが

図表 38-5 法定相続分と遺留分の割合

	法定相続分		遺留分	
配偶者と子供	配偶者	1/2	配偶者	1/4
	子供	1/2	子供	1/4
配偶者と親	配偶者	2/3	配偶者	1/3
	親	1/3	親	1/6
配偶者と兄弟姉妹	配偶者	3/4	配偶者	1/2
	兄弟姉妹	1/4	兄弟姉妹	なし

遺留分 一定の相続人に保障される最低限度の相続分のこと

（出所）　三井住友信託銀行作成

できます。

　贈与や遺贈によりこの遺留分が侵害された場合、遺留分権利者は、受遺者または受贈者に対して、遺留分侵害額に相当する金銭の支払いを請求することができます（かかる請求権を、以下、「遺留分侵害額請求権」といいます）。遺言が遺留分を侵害する内容であっても遺言が無効になるわけではありませんが、**争いを避ける意味からも、遺言する段階で遺留分を侵害しないよう配慮しておくほうがよいでしょう**。

　なお、遺留分侵害額請求権は、相続の開始および遺留分を侵害する贈与または遺贈があったことを知った日から１年間行使しないとき、または相続開始の時から10年間行使しないときは消滅します。

　遺留分権利者は、配偶者、子（直系卑属）、直系尊属（両親など）に限られ、兄弟姉妹には認められていません。

Q39 認知症などに備えておくために利用できるサービスには、どのようなものがありますか？

A 39

ご本人が元気なうちは、ご自身やご家族の事情にあわせた財産管理対策を**自らの意思で選択することができます**。しかし、判断能力の低下後は、困惑した家族などが、必要に迫られて対応することとなり、選択肢も限られてしまいます。

◉ 成年後見制度（任意後見制度・法定後見制度）とは？

「成年後見制度」とは、認知症などによって物事を判断する能力が十分ではない方（以下、本人）について、本人の権利を守る援助者（成年後見人等）を選び、法律的に支援する制度です。「成年後見制度」には、判断能力が不十分になる**前**から利用できる「任意後見制度」と判断能力が不十分になってしまった**後**に利用される「法定後見制度」があります（図表39-1、39-2）。

■任意後見制度

任意後見制度は普及状況に関する課題の指摘はありますが、高齢者の「自

図表 39-1 判断能力別の対応制度（概要）

元気なうちは、自分や家族の事情にあわせた認知症対策を自ら選択できる。
判断能力低下後は、困惑した家族などが必要に迫られ対応し、選択肢も限られる。

判断能力に問題ない	判断能力に不安を感じる	判断能力が低下

自分で選択できる

①任意後見制度 → 任意後見人による管理

②民事信託（家族信託）（家族等による財産管理）

③信託商品（信託銀行等による財産管理）

④何もしない → 資金凍結

お金はあるけど本人のために使えない

裁判所の審判 → 法定後見制度

日常生活自立支援事業
社会福祉協議会による権利擁護事業

（出所）　三井住友信託銀行作成

己決定権の尊重」の理念を体現した制度です。「財産管理」も「身上保護」も、自ら選んだ人に任せたいという方に適しています。制度の概要、留意点は次のとおりです。

- 自ら選んだ任意後見人（任意後見受任者）に財産管理、身上保護に関する代理権を付与します。
- 任意後見人に与える代理権の範囲は柔軟に定めることができます。
- 任意後見契約は**公正証書**で締結します。
- 任意後見契約は、本人の判断能力低下後、家庭裁判所が**任意後見監督人を選任することで効力が生じます。**[1]

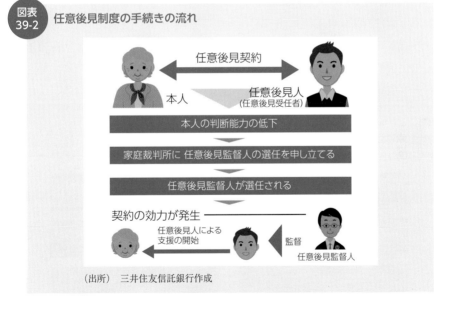

図表 39-2　任意後見制度の手続きの流れ

任意後見契約

本人　　　任意後見人
　　　　　(任意後見受任者)

本人の判断能力の低下

家庭裁判所に 任意後見監督人の選任を申し立てる

任意後見監督人が選任される

契約の効力が発生

任意後見人による
支援の開始　　　　　　　　監督　　任意後見監督人

（出所）　三井住友信託銀行作成

1　任意後見制度は自ら任意後見人を選べる半面、自らの選択が誤っていて、横領するような不適切な任意後見人を選んでしまう危険があります。そこで、任意後見制度は、家庭裁判所が任意後見人をチェックする任意後見監督人を必ず選任する仕組みとなっています。

- 任意後見人に本人の契約の取消権はありません。
- 健常時から任意後見受任者へ財産管理を委任する例もあります。
- 任意後見人を専門職とすると、最終的に、任意後見人と任意後見監督人の双方への報酬負担が発生します。

■**法定後見制度**

法定後見制度は、本人の権利を守る援助者（成年後見人等）を選び、法律的に支援する制度です（後見、保佐、補助の３種類があります）。制度の概要、留意点は次のとおりです。

- 家庭裁判所が成年後見人等を選任します。
- 成年後見人等は、代理権・取消権等を用い、本人の財産管理、身上保護を行います。本人が亡くなるか、判断能力が完全回復するまで利用し続けなければなりません。
- 成年後見人等は、少なくとも年に1回、家庭裁判所への本人の状況報告が求められています。
- 制度開始当初の2000年頃は親族が成年後見人等として選ばれることが

図表 39-3 成年後見制度への声

前向きな評価	批判的な評価
1. 身寄りのない高齢者のセーフティネットとして機能	1. 成年後見人等へ支払う報酬は納得しがたい
2. 相続手続きを完了させることができる	2. 見ず知らずの人が後見人に選任されて戸惑う
3. 必要のない物品購入の取消しができる	3. アパートの建替えなどができないと聞いた
4. 特定の親族による横領へ対抗できる	4. 途中で制度の利用をやめられると思っていた

（出所）三井住友信託銀行作成

ほとんどでしたが、近年は、司法書士や弁護士などの親族以外が選ばれる場合がほとんどであり、報酬がかかります。

◉ 民事信託（家族信託）とは？

民事信託（家族信託）は、成年後見制度の画一的運用と比した柔軟な制度として、このところ活用が進んでいます。一般的な民事信託（家族信託）の概要と留意点は次のとおりです。

- 高齢の親が家族を受託者として、金銭や不動産などの財産の管理・処分を目的とした信託を設定します（信託銀行などの金融機関はなかなか個人の不動産は受託していませんが、民事信託は対応可能です）。
- 収益分配や財産の帰属先を柔軟に定めることができます。
- 家族が受託者の場合、信託報酬を無料または低く設定することが可能です。[2]

図表
39-4 一般的な民事信託（家族信託）の仕組み

信託契約

委託者
兼受益者
（本人）

財産の信託（信託登記、移転）

財産の管理、収益等の給付

受託者
（家族など）

活用例①	自宅や賃貸物件を信託することで、物件の修繕等を長男に任せたい
活用例②	自らの判断能力がなくなった後、自宅を売却して介護費に充当してもらいたい（資金的に家族に負担をかけたくない）

（出所）　三井住友信託銀行作成

- 司法書士や弁護士の信託設定助言を受ける場合、相応の報酬が発生します。
- 受託者は素人のため、信託への知識や理解の不足、責任感の欠如などにより、杜撰な運営や、横領が行われるリスクがあります。
- 受託者が先に死亡する場合もあり、第二受託者を指定しておくことが妥当です。
- 信託財産以外の財産の管理・処分や身上保護には対応できません。

図表 39-5 人生100年応援信託〈100年パスポート〉の「まかせる支払機能」

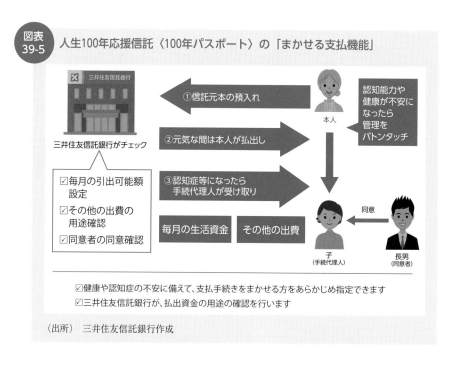

（出所）　三井住友信託銀行作成

2　自宅不動産など事業者が受託しない財産を柔軟に管理・承継させたい方に適しています。なお、自宅ではないアパートなどの収益不動産については、これを受託する専門信託会社がいくつか立ち上がっています。

● 信託銀行の「手続代理機能付信託」とは？

信託銀行では、認知症発症後の支払いを手続代理人に任せることができる「手続代理機能付信託」を取り扱っています。

手続代理機能付信託の仕組み・特徴はおおむね次のとおりです。

- ・信託元本を預け入れ、元気なうちに家族等を手続代理人として指定します。
- ・元気なうちは本人が払い出し、判断能力低下後などには、家族等の手続代理人が受け取ります。

成年後見制度と比べると、保護の範囲は信託財産に限られますが、低コストの信託報酬で利用できます。[3]

ここでは、三井住友信託銀行で取り扱っている「人生100年応援信託〈100年パスポート〉の「まかせる支払機能」」を例に説明します（図表39－5）。

- ・まず、将来頼りにする家族などを「まかせる支払機能」の手続代理人に指定します。
- ・必要に応じ、手続代理人による払出しをチェックする同意者も指定します。
- ・そして、①信託元本を預け入れ、②元気な間は本人が払い出し、③認知症等になったら手続代理人が受け取ります。
- ・手続代理人への毎月の定時払い額の設定については、上限を30万円までとしており、その他の出費については、三井住友信託銀行が用途確認を行います。用途は、医療、介護、住居費、税金、社会保険料に限られ、請求書や領収書で確認します。さらに、同意者の同意確認も行います。
- ・身近に頼れる親族がいない場合は、弁護士や司法書士を手続代理人に指定することが可能です。

自身の財産管理にとって、いずれの制度・商品が最適であるのかは、個々

3　認知症による資金凍結リスクを低コストで回避したい方に適した商品です。

のニーズや保護が必要な領域、コスト感によって、異なります。ただ、前述
のとおり、**元気なうちから検討することにより、選択肢の幅は広がりますの
で、早め早めに考え、行動しておくことが大切**です。

　なお、Q38では相続に備える方法の1つとして、遺言信託をご紹介しま
したが、認知症発症後は、本人の意思能力が不十分なため遺言書を作成する
ことはできなくなります（作成しても無効となります）。贈与についても同様
であり、後見人も遺言や贈与を行うことはできません。

　自身の「想い」を込めた相続の準備は、認知症を発症してからでは打つ手
がないということをしっかりと認識しておく必要があります。

Q40 家族を亡くし1人になった場合には、どのような備えが必要ですか?

● 増加する単身世帯、"おひとりさま"

　現在、さまざまな理由によって"おひとりさま"が増加しています。国立社会保障・人口問題研究所「2018（平成30）年推計 日本の世帯数の将来推計（全国推計）」によると、2020年には日本の総世帯数5,410万のうち1,934万世帯が単身となり、その割合は35％にのぼるとされています。また、世帯主を65歳以上に絞ると高齢世帯数は2,064万となり、うち702万（34％）が高齢単身世帯となると推計されています。この急激に進む高齢単身世帯の増加は、孤独死や空き家の拡大といったさまざまな社会問題を引き起こす原因の1つとなっています。

　おひとりさまは、前述の生前での財産管理に加えて、以下のような死後についての悩みを抱えている方が増えています。

● **おひとりさまの死後の手続き（葬儀など）は、誰が行うのか？**

　一般的に、死後の手続きは親族が行いますが、おひとりさまの場合、死後事務を行う人がいないまま亡くなってしまう人が後を絶ちません。「遺言」だけでは解決できない盲点が存在します。

● **相続人不存在の場合には、どのような備えが必要なのか？**

　生前に何も手続きしなければ、財産は国庫へ帰属しますし、孤独死に対応した見守りなどの手立ても必要となってきます。

● **自身の死後もペット（犬・猫限定）が天寿を全うできるように、安心して暮らせる場所へ送り届けるようにするためには？**

　死後に引き取り先を決めることはむずかしいので、事前の備えが必要です。

● **デジタル遺品（故人が遺した、パソコン・スマホ等の電子機器内のデータや、ネット上にあるデータ）は、どうなるのか？**

　死後にそれらを一括削除するためには、生前に必要情報を託す必要があります。

Q40 家族を亡くし1人になった場合には、
どのような備えが必要ですか？

● 単身世帯が抱える"死後の不安"を解決

　「終活」という言葉が浸透したことで、終活関連サービスの提供企業が増
加し、今では1.5兆円を超える巨大市場に拡大しているといわれています。
一方で、自身の死後に本当に自身の希望を実現してくれるのかという不安
や、法規制が未整備のデジタル遺品、通帳未発行の銀行預金やQRコード決
済などの各種デジタル資金の帰趨等、終活の普及により新しい課題も顕在化
してきています。

　遺品整理や墓じまいなどの身辺整理型の終活サービスや、エンディング
ノート、遺言書などの感情整理型の終活サービスが広がりをみせる一方で、
これらのサービスを利用する際は、遺品整理はＡ社、墓じまいはＢ社、遺言
書はＣ弁護士、財産管理はＤ銀行というように、終活をする人が自身の実現
したいことを別々の会社と相談する必要がありました。また、エンディング
ノートについては法的効力がないため実現性に乏しく、（事業者との生前契約
等とセットでなければ）メモ帳の域を出ていないのが実態といわれています。

　このような悩み・不安を解消するために、信託の仕組みを活用したサービ
スが始まっています。たとえば、三井住友信託銀行では、「おひとりさま信
託」というサービスを提供しています。これは、「死後事務資金の管理」「エ
ンディングノートの提供と保管」「SMSによる安否確認」「寄付先の紹介」
に加えて一般社団法人を介して、「葬儀・埋葬」「遺品整理（デジタル遺品の
削除含む）」「ペット（犬猫）の終身管理」「訃報連絡」などを行う、死後事務
の総合サービスです。

　人生100年時代を安心して過ごしていくために、こうしたセーフティー
ネットサービスの活用も選択肢の１つと考えられます。

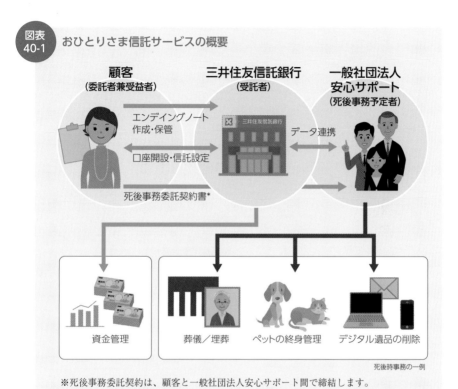

図表 40-1 おひとりさま信託サービスの概要

顧客
（委託者兼受益者）

三井住友信託銀行
（受託者）

一般社団法人
安心サポート
（死後事務予定者）

エンデイングノート
作成・保管

データ連携

口座開設・信託設定

死後事務委託契約書*

資金管理

葬儀／埋葬　ペットの終身管理　デジタル遺品の削除

死後時事務の一例

※死後事務委託契約は、顧客と一般社団法人安心サポート間で締結します。
（出所）三井住友信託銀行作成

人生100年時代のライフイベントに
賢く対応するための
ワンポイントアドバイス

Q41 「資産形成」についての相談は、どこに行けばよいのですか？ 誰に聞けばよいのですか？

A 41

　本書のなかでは、さまざまなテーマを扱ってきました。たとえば、資産形成を始める際に、国の税制優遇制度（NISA、iDeCoなど）だけでなく、勤務先が従業員のために準備している制度（財形貯蓄など）もあることをお伝えしてきました。本書をお読みいただき、「資産形成」についての全体像をイメージいただけたことと思いますが、さらにご自身の関心のあるテーマについて、もう少し知っておきたい、あるいは誰かに相談してみたいと思われた方も多いのではないでしょうか。何が知りたいかによって聞く相手先は変わりますが、ここでは大きく４つの方法に整理してご紹介します。

◉ お金を "貯める" "増やす" "備える" "遺す"

① FP（ファイナンシャル・プランナー）に相談してみる

　FPには、長期ライフプラン設計や、現在の家計の見直し、資産運用、不動産・住宅ローン、税金や年金、相続に関してなど、幅広く相談することができます。一般に、FPは、預貯金等を扱う金融機関（たとえば、銀行・保険会社・保険代理店・証券会社・信用金庫・信用組合・農協・郵便局等）に所属している方と、FP事務所の看板を掲げて開業している独立系FPの方と、大きく２つに分かれています。どちらの場合も、相談するためには、まずご自身でどのようなことを相談したいのかを考えてみる必要があります。

② ライフプランセミナーに参加してみる

　ご自身が何を相談したいのか明確でない場合には、まずはセミナーなどに参加してみることから始めるのもよいでしょう。

　たとえば、FPセミナー、ライフプランセミナー、お金のセミナーなど、さまざまな名称で、日頃皆さんがご利用のスマートフォンアプリや金融機関からメルマガ・広告が届いてはいないでしょうか？

　最近では、わざわざ会場まで出向かなくても、オンラインセミナーで開催し、その後はチャット形式で個別相談に入ることもできるようです。ご自分の関心事や疑問点を整理いただく手段として、セミナーは有効だと思われま

す。

　なお、勤務先が従業員のためにライフプランセミナーを開催している場合もあります。そこでは、財形貯蓄や確定拠出年金（DC）など、従業員だからこそ利用できる資産形成制度の説明も期待できます。勤務先のお得な制度は、インターネットで検索しても出てきませんので、社内イントラネットなどを通じて制度の有無を調べておくとよいでしょう。

③　金融機関に相談してみる

　普段利用している金融機関でも、セミナーや個別相談を実施しているケースが多いと思われます。こちらで話を聞いて考えてみるのも１つの方法です。なお、セミナーに参加した、あるいは実際に相談したからといって、金融商品等の購入をしなければならないわけではありませんので、お気軽に利用・相談してみることをお勧めします。

④　「パーソナル・ファイナンシャル・マネジメント（PFM）」を 　　利用してみる

　お手元のスマートフォンやPC上で、家計管理だけでなく、銀行口座やクレジットカードなどの情報をオンラインで一元管理して、利用者が効率的に資産設計を行えるサービスが広まってきています。「パーソナル・ファイナンシャル・マネジメント（PFM）」と呼ばれるサービスですが、ご自身で家計の収入や支出、口座残高を入力する手間が不要なので、「家計の見える化」や「家計のB/S、P/Lの作成」が手軽にできます。こういったツールやアイテムを活用してみることで、資産形成の計画や知りたいこと、聞きたいことが、はっきりしてくると思われます。

Q42 「お金」や「資産形成」について
もう少し知りたいと思ったとき、どのような

A42

■日々の生活のなかで「お金」にかかわること全般を学びたい！ と思ったら
⇒暮らしに役立つ身近なお金の知恵・知識情報サイト
　金融広報中央委員会　知るぽると
　https://www.shiruporuto.jp/
　＊金融商品なんでも百科
　　https://www.shiruporuto.jp/public/document/container/
　　hyakka/
　＊お金の知恵シリーズ
　　「大人のための…」「ママとパパのための…」「18歳までにまなぶ…」
　　などのシリーズが多数あります。
　　https://www.shiruporuto.jp/public/document/container/
　　category/okanenochie/
　＊金融リテラシークイズ
　　自分の金融リテラシーを2分で確認できます。
　　あなたの得点を、金融リテラシー調査の全国平均やお住まいの都道府
　　県の平均と比較することができます。
　　https://www.shiruporuto.jp/public/document/container/
　　literacy_chosa/literacy_quiz/

■そもそも「資産形成」って何？　「NISA」って何？　と思ったら
⇒金融庁　https://www.fsa.go.jp/
　＊金融庁NISA特設WEBサイト
　　https://www.fsa.go.jp/policy/nisa2/index.html
　　なかでも、若年勤労世代向けのビデオクリップ教材「未来のあなたの
　　ために〜人生とお金と資産形成〜」は、動画でわかりやすく資産形成
　　について解説されています。
　　https://www.fsa.go.jp/policy/nisa2/download/index.html

　その他、以下の各WEBサイトにて金融・経済情報に関する学習教材や信託商品とその活用方法などが多数用意されています。セミナー・イベント、WEBテキスト、各種の調査資料、動画・マンガなど多様なコンテンツが掲載されていますので、ご参考にされるとよいと思われます。

　　全国銀行協会　https://www.zenginkyo.or.jp/
　　信託協会　https://www.shintaku-kyokai.or.jp/
　　日本証券業協会　https://www.jsda.or.jp/
　　投資信託協会　https://www.toushin.or.jp/
　　生命保険協会　https://www.seiho.or.jp/
　　生命保険文化センター　https://www.jili.or.jp/
　　日本損害保険協会　https://www.sonpo.or.jp/
　　日本取引所グループ　https://www.jpx.co.jp/
　　日本FP協会　https://www.jafp.or.jp/
　　金融財政事情研究会　https://www.kinzai.or.jp/

〈編著者サイト〉
　三井住友トラスト・資産のミライ研究所　https://mirai.smtb.jp/
　三井住友トラスト・資産のミライ研究所では、人生100年時代における一人ひとりの安心したミライづくりに関する調査・研究・情報をHPに掲載しています。
　本書でも紹介している『三井住友トラスト・資産のミライ研究所／「住まいと資産形成」に関するアンケート調査』レポートや各種コラム、各世代が経験してきた出来事を振り返ることができる「できごと年表」なども掲載しています。

あとがき

　総務省によると、わが国における65歳以上の高齢者数は3,588万人で、総人口に占める割合は28.4％となり過去最高を更新しました（2019年度時点）。信託銀行の個人のお客様層は高齢の方が多いイメージがありますが、三井住友信託銀行でも、個人口座数約300万口座中、65歳以上の方の比率は約75％と４人に３人はシニア世代の方々とのお取引となっています。

　こういった状況から、一般に信託銀行に対しては「高齢者向けの金融機関」「資産をお持ちの方が相談に行く銀行」といった印象を持たれている方も多いと思われます。たしかに、口座保有者の年齢分布などからみれば事実の一面ではありますが、現役世代（20歳〜50歳代）の方々とも広くお取引させていただいている金融機関であることは、案外、知られていないのではないでしょうか。当社を例にとりますと、老後資金を準備する制度の１つである「企業型確定拠出年金」の制度管理を実施先企業からお任せいただいていますが、当社の制度管理加入者数は約148万人にのぼります。また、ご勤務先での給与天引き型積立制度として普及している「財形貯蓄（財産形成信託）」等では約26万人の方にご加入いただいています。加えて住宅購入時の住宅ローンでは、約30万世帯でご利用をいただいています。当社だけでこれだけの規模の取引を現役世代の方とさせていただいているのですが、確定拠出年金や財形の加入者におかれては「制度を利用している」ことは認識されていても「どの金融機関を利用しているか」を認知いただいていないことも多く、そのため、「信託銀行＝高齢者向けの金融機関」のイメージが定着しているのかもしれません。

　しかし、実際に信託銀行のご利用シーンをみてみますと、企業・団体等に就職された時に確定拠出年金や財形にご加入され、住宅購入時に住宅ローン

をご利用いただき、教育資金が必要なときは財形を取り崩したり、リタイア時には退職金の運用相談を、企業年金にご加入されていた方は受取方法のご相談をいただくなど、現役時代からリタイア後まで、ライフイベントに伴走させていただくかたちでさまざまなお取引をいただいています。

　「人生100年時代」において、シニア世代に対するさまざまな金融サービスをさらに拡充させていただくと同時に、現役世代における「資産形成」や安心できるミライに向けて、今後、いっそう重要性を増してくる「資産運用」「資産管理」「資産活用」分野のニーズに対応し、信託を中核とした金融機能の提供を充実させていきたいと思っております。前例のない長寿社会を迎えつつある時代において、三井住友トラスト・グループは、現役時代からリタイア期、そしてシニアライフにおいてお客様のベストパートナーであり続けたいと願っています。

　本書が、「資産」を縦糸として紡がれていく皆様のベストライフのプラニングに少しでもお役に立つことを祈りつつ、あとがきとさせていただきます。

2020年9月

三井住友信託銀行株式会社

常務執行役員　前田　大典

謝　辞

　本書は、多くの方のご支援・ご協力をいただいて刊行することができました。

　まず、本書をお手にとってくださった読者の皆様に感謝いたします。本書が「安心できるミライ」に向けて、どう考え、どう準備していけばよいのかを「自分ごと」としてとらえていただくきっかけとなれば幸いです。

　また、本書の企画・刊行にあたりましては、三井住友信託銀行において、お取引先企業従業員への資産形成サービスを提供しているライフアドバイザリー部、個人のお客様へのコンサルティングの推進に取り組んでいる個人企画部、「人生100年時代」のコンサルティングと事業横断的なソリューションを提供している人生100年応援部、各種の調査結果やデータ提供面で調査部ならびに確定拠出年金業務部、社会的価値創出と経済的価値創出の両立を図りサステナブルな社会の発展への貢献に取り組んでいる経営企画部ならびにサステナビリティ推進部、そのほか多くの関係者の協力により世の中に出すことができたと思います。なお、本書を執筆するにあたり、株式会社きんざいの谷川治生取締役出版部長、編集担当者の西田侑加さん、一般社団法人金融財政事情研究会OB（元理事・事務局長）の河野晃史さんには大変お世話になりました。

　この場をお借りしまして御礼申し上げます。

　2020年9月

三井住友トラスト・資産のミライ研究所

所長　**丸岡　知夫**

編著者プロフィール

【三井住友トラスト・資産のミライ研究所】

三井住友トラスト・資産のミライ研究所は、人生100年時代において、一人ひとりが将来を安心して過ごすための資産形成・資産活用のあり方について、中立的な立場で調査・研究し発信することを目的として、2019年9月三井住友信託銀行に設置された組織です。

人生100年時代における「人生のマルチステージ化」が進展していくなか、就職、結婚、住宅取得、退職、セカンドライフといった、個人のライフステージにおいて生じる「資産形成」「住宅購入」「不動産の売買・賃貸」「退職金の運用」「資産管理」「相続・承継」等のニーズや悩みに対して、これまで以上にライフプランの「自分ごと化」が重要になってくるとの認識のもと、当研究所は、以下の3つの取組みを柱として活動しています。

ミライリサーチ/Research：
「資産形成」や「資産活用」に関する不安や悩みについて、アンケート調査などを通じて調査・研究します。

ミライレポート/Report：
「人生100年時代」に向き合ううえで、お金や資産との付き合い方について、個人のライフスタイルを踏まえた取り組み方を考察し、提言します。

ミライセミナー/Seminar：
当グループのお取引先企業の従業員や個人のお客さまへのセミナーや研修を通じて、情報発信と啓蒙活動を幅広く推進します。

【執筆者】

所長：丸岡　知夫（まるおか　ともお）

1990年　住友信託銀行（現・三井住友信託銀行）に入社。

1997年　年金信託部業務推進室で国内の年金受託業務を推進。

2002年　東京法人信託営業部。

2005年　本店法人信託営業部。

2009年　確定拠出年金業務部にてDC投資教育、継続教育のコンテンツ作成、顧客提供、セミナー運営に従事。

2014年　社内横断プロジェクト　「福利厚生ソリューションビジネスプロジェクトチーム」に専任者として従事。

2016年　ライフアドバイザリー部（取引先法人の従業員向け福利厚生制度を提供

する部署）次長。

2019年　三井住友トラスト・資産のミライ研究所　所長に就任（現職）。

【主な著作・レポートなど】

2020年　三井住友トラスト・資産のミライ研究所「住まいと資産形成に関する意識と実態調査」レポートを執筆。

2020年　『KINZAI Finacial Plan』（金融財政事情研究会）7月号から「住まいと資産形成」シリーズ（全6回）を執筆。

主任研究員：青木　美香（あおき　みか）

住友信託銀行（現・三井住友信託銀行）入社、調査部主任調査役（現職）。

主に家計の金融行動・消費行動、社会現象からみた経済分析などを担当。

2008年〜2009年　法政大学大学院　政策経済研究所　客員研究員。

2019年　兼　三井住友トラスト・資産のミライ研究所

【主な著作・レポートなど】

著書に「日本経済知っておきたい70の勘どころ」（共著、NHK出版）、「女性が変える日本経済」（共著、日本経済新聞出版社）他。

主なレポートテーマは、団塊世代の家計収支と貯蓄、女性の金融資産保有力、「貯蓄から投資へ」の進捗、税制改正が相続市場に与える影響、相続に伴う資産の地域間移動、マイナス金利下の家計行動と個人マネー、高齢者保有貯蓄の地域別・セグメント別分布、資産形成層の実態、人生100年時代の金融問題　など。直近レポートとして、三井住友トラスト・資産のミライ研究所「住まいと資産形成に関する意識と実態調査」レポートを執筆。

主任研究員：堀米　貴之（ほりごめ　たかゆき）

1995年　住友信託銀行入社（現・三井住友信託銀行）。当初はリテール事業で、その後は年金事業にて企業年金営業に従事。

2010年　東京法人信託営業第一部（現・年金営業第一部）課長。

2012年　取引先法人の退職給付制度・年金制度の新設・変更・相談を担う年金コンサルティング部にて、大型企業のDC導入コンサルティングなどに従事。

2016年　年金コンサルティング部次長。

2018年　確定拠出年金業務部次長（現職）。

2019年　兼　三井住友トラスト・資産のミライ研究所

主任研究員：田村　直史（たむら　ただし）

2003年　中央三井信託銀行（現・三井住友信託銀行）入社。阪急梅田支店。

2007年　業務部　信託研修生。

2007年　業務部。

2011年　経営企画部。
2013年　プライベートバンキング部。
2017年　個人企画部主任調査役（現職）。
2019年　兼　三井住友トラスト・資産のミライ研究所。
現職では、事業戦略企画担当を経て、2020年4月より営業企画プロジェクトチームのリーダーとして業務に従事。
【主な著作：いずれも共著】
『Q&A信託業務ハンドブック［第3版］』（金融財政事情研究会、2008）
トラスト未来フォーラム編／田中和明・田村直史著『信託の理論と実務入門』（日本加除出版、2016）
JPBM医療研究部会編『地域医療連携推進法人の実務』（中央経済社、2017）
共著『信託活用コンサルティングコース』（経済法令、2017）
田中和明・田村直史著『信托法理论与实务入门』（中国人民大学出版社、2018）
浅岡輝彦編『家族信託を用いた財産の管理承継』（清文社、2018）
稲垣隆一編『電力事業における信託活用と法務』（民事法研究会、2018）
『事業承継のための信託スキーム活用術』（清文社、2018）
畠山久志監修、田中和明編『地域金融機関の信託・相続関連業務の手引き』（日本加除出版、2019）　など
【主な論文】
共同「メガ・システム論」（青山ビジネスロー・レビュー第2巻第1号、2012）
「民事信託の利便性向上に向けた信託銀行のインフラ活用について」（信託フォーラム、2016）
「民事信託・家族信託の基本および留意事項」（銀行法務21、2017）
「民事信託受託者による信託預金口座を用いた分別管理」（信託フォーラム、2017）
「地域金融機関と信託業務」（信託フォーラム、2018）
「財産管理信託の新展開とフィデューシャリー・デューティー——人生100年時代の認知症への備え」（信託フォーラム、2019）
「人生100年時代における高齢者の財産管理」（年金と経済、2019）　など

研究員：唐木田　みわ（からきだ　みわ）
2011年　住友信託銀行（現・三井住友信託銀行）入社、越谷支店、池袋支店にて、主に個人顧客の資産運用・資産承継にかかわるコンサルティングに従事。
2015年　三井住友トラスト・アセットマネジメントに出向、地域金融機関向け公募投信のセールス、地域金融機関の支店長・販売担当者向け研修・セミナーを担当。
2017年　ライフアドバイザリー部（取引先法人の従業員向け福利厚生制度を提供する部署）にて事業戦略企画を担当。

2019年　三井住友トラスト・資産のミライ研究所　研究員（現職）。取引先法人の従業員を対象とした資産形成分野に関する各種の施策立案・企画運営に加え、当研究所WEB媒体の企画運営・コンテンツの作成、セミナー講師を通じた情報発信および対外的な提携業務等全般を担当。

【執筆協力者】

三井住友トラスト・ライフパートナーズ株式会社

代表取締役社長　**井戸　照喜**（いど　てるき）

1989年　東京大学大学院工学系研究科修了、同年住友信託銀行入社（現・三井住友信託銀行）。

年金信託部で企業年金の制度設計・年金ALM等に従事。その後、運用商品の開発・選定、年金運用コンサルティング等に従事。2008年からはラップ口座の運用責任者。2013年からは投信・保険・ラップ口座等の「預り資産ビジネス」全体を統括する投資運用コンサルティング部長を務め、2018年に（銀行ビジネスと保険ビジネスを信託銀行らしく融合させる）トラストバンカシュアランス推進担当役員。

2019年　三井住友トラスト・ライフパートナーズ株式会社　代表取締役社長（現職）。

日本アナリスト協会検定会員、年金数理人、日本アクチュアリー会正会員。

【主な著作】

『KINZAIバリュー叢書　銀行ならではの"預り資産ビジネス戦略"──現場を動かす理論と実践』（金融財政事情研究会、2018）

索　引

数字

30歳代以下の世代の特徴················61
40歳代の人たちの特徴················71
50歳代からの「資産形成」···········103
50歳代の人たちの特徴················76
60歳代の人たちの特徴···············110

A～Z

ESG·······································48
FP（ファイナンシャル・プランナー）···184
iDeCo（個人型確定拠出年金）
·························23, 84, 127, 136
NISA（ニーサ）（少額投資非課税制度）
···141
REIT（リート）·························40
SDGs·····································48

あ

アクティブ運用························42
家を買うべきか、借りるべきか·······89
遺産整理業務··························118
遺留分·································170
おひとりさま··························179
おひとりさま信託·····················180

か

核家族································9, 10
確定給付企業年金（DB）·······126, 133
確定拠出年金（DC）···················133
家計の棚卸し···························82
家族おもいやり信託〈一時金型〉·······160

株式······································38
企業型確定拠出年金（DC）
·····················84, 126, 127, 133
企業年金·······························125
気候リスク·····························51
教育資金·······························156
教育資金贈与··························158
教育資金贈与信託·····················158
金融教育·······························54
金融経済教育推進会議··················30
金融広報中央委員会の「知るぽると」
···33
金融庁金融審議会市場ワーキング・
　グループ報告書················13, 23
金融リテラシー····················30, 54
クオリティ・オブ・ライフ：QOL·········8
結婚・子育て支援信託··········163, 164
結婚・子育て資金の一括贈与········163
結婚資金や子育てのための資金···162
健康寿命·································5
公正証書遺言··························120
厚生年金·························124, 125
公的年金····························14, 124
公的年金受取額の目安··················15
公的年金の支給額·····················128
高齢化率·································2
高齢単身世帯··························179
国民年金（基礎年金）··················124
個人型確定拠出年金（iDeCo）
·························23, 84, 127, 136
個人年金·······························127

寿退社 …………………………… 76

さ

財形貯蓄制度 ……………………… 138
債券 ………………………………… 38
先取り貯蓄 ………………………… 67
三世代世帯 ………………………… 10
三世代同居世帯 …………………… 149
時間（タイミング）分散 ………… 45
資産運用 …………………………… 34
資産形成 …… 16, 18, 21, 34, 103, 130
資産寿命 …………………………… 5
資産分散 …………………………… 44
自助努力 …………………………… 11
自助努力を支援する制度 ………… 130
自筆証書遺言 ……………………… 119
収入と支出の見える化 …………… 68
就職氷河期世代 …………………… 71
住宅取得 …………………………… 68
住宅ローン ………………… 69, 98, 100
ジュニアNISA（未成年者少額投資非
　課税制度）……………………… 145
少額積立投資 ……………………… 68
しらけ世代 ………………………… 110
シングル世帯 ……………………… 81
人生100年応援信託〈100年パスポー
　ト〉の「まかせる支払機能」……… 176
人生100年時代 …………………… 3
人生の三大資金 ……………… 59, 60
人生のマルチステージ化 ………… 4
信託銀行 …………………………… 25
信託銀行の遺言信託 ……………… 120
「住まいと資産形成」に関するアンケー
　ト調査 ………………… 66, 89, 98
生前贈与 …………………………… 153

成年後見制度 ……………… 117, 172
世代間補完 ………………………… 151
葬儀費用 …………………………… 160
争族 ………………………………… 165
相続税制の改正 …………………… 166
相続対策 …………………… 118, 165
相続手続きの負担 ………………… 167
贈与 ………………………… 131, 132

た

退職金制度 ………………………… 125
ダブル世帯 ………………………… 81
単身世帯 ……………………… 9, 10
長期投資 …………………………… 45
超高齢社会 ………………………… 2
貯蓄から資産形成へ ……………… 21
デジタル遺品 ……………………… 179
デジタルネイティブ ……………… 61
手続代理機能付信託 ……………… 177
投機 ………………………………… 35
投資 ………………………………… 34
投資信託 …………………………… 41
ドル・コスト平均法 ……………… 45

な

日本の年金制度 …………………… 124
日本の平均寿命 …………………… 2
任意後見制度 ……………………… 172
認知症 ……………………………… 117
ねんきん定期便 …………………… 128
ねんきんネット …………………… 128

は

パーソナル・ファイナンシャル・マネジ
　メント（PFM）……………… 185

パッシブ運用 ……………………42
バブル世代 ……………………76
ファイナンシャル・プランニング技能
　　検定 ……………………33
米国の金融教育 ……………………55
法定後見制度 ……………………174
法務局による自筆証書遺言の保管制
　　度 ……………………120
他の世代からの支援を促進する制度
　　……………………131
保険 ……………………85
ポスト団塊世代 ……………………110

ま

マクロ経済スライド ……………14, 127
マネープラン ……………………19
三井住友信託銀行 ……………………27
三井住友トラスト・グループ ……………53
三井住友トラスト・ライフパートナー
　　ズ株式会社 ……………………85
民事信託（家族信託） ……………117, 175

や

「家賃を払い続けるなら、家を買ったほ
　　うがよい」は本当か？ ……………94
遺言書 ……………………119
遺言信託 ……………118, 170
ゆとり世代・さとり世代 ……………61
預貯金の払戻し制度 ……………169

ら

ライフイベント ……………………16
ライフ・シフト ……………………2
ライフスタイル ……………4, 9, 20, 80, 148
ライフプラン ……………………19

ライフプランセミナー ……………184
リースバック ……………………122
リカレント教育 ……………………5, 58
リスク ……………………36
リターン ……………………36
リバース・モーゲージ ……………121
暦年贈与 ……………………154
暦年贈与サポート信託 ……………154
老後資金不足2,000万円問題 ……13, 23
ロスジェネ（ロストジェネレーション）…71

安心ミライへの「資産形成」ガイドブックQ&A

2020年10月19日　第1刷発行

編著者　三井住友トラスト・
　　　　資産のミライ研究所
発行者　加　藤　一　浩

〒160-8520　東京都新宿区南元町19
発　行　所　一般社団法人 金融財政事情研究会
企画・制作・販売　株式会社きんざい
　出 版 部　TEL 03(3355)2251　FAX 03(3357)7416
　販売受付　TEL 03(3358)2891　FAX 03(3358)0037
　　　　　　URL https://www.kinzai.jp/

DTP・校正:株式会社アイシーエム／印刷:三松堂株式会社

ISBN978-4-322-13546-6